TU MENTALIDAD BUENA SUERTE

DEL COAUTOR DE
LA BUENA SUERTE

ÁLEX ROVIRA

TU MENTALIDAD BUENA SUERTE

CLAVES DE LA PROSPERIDAD EN 30 LECCIONES

zenith

Primera edición: septiembre de 2023

Zenith es un sello editorial de Editorial Planeta, S.A.
Avda. Diagonal, 662-664, 08034 Barcelona (España)
www.zenitheditorial.com
www.planetadelibros.com

ISBN: 978-84-08-27080-5
Depósito legal: B. 13.491-2023

Impreso en España – *Printed in Spain*

A Pili Rey Pérez, mi Buena Suerte.
Y a mi muy querido padre,
Gabriel Rovira Ibáñez,
in memoriam.

Tener este libro en las manos te da acceso a formación *online* gratuita en la Escuela Humanista de Álex Rovira.

Este libro no es solo un libro. Cada capítulo va acompañado de una serie de recursos *online* con treinta lecciones extra que incluyen vídeos, audios, ejercicios adicionales, meditaciones, mantras e incluso un test para valorar cómo has incorporado *Tu Mentalidad Buena Suerte* una vez que hayas finalizado la lectura del libro.

Hay una gran diferencia entre solo leer *Tu Mentalidad Buena Suerte* y hacerlo mientras complementas cada capítulo con el contenido digital adicional que encontrarás dentro.

Para acceder a todos estos recursos extra y gratuitos para ti y comenzar la lectura con todo el contenido disponible, escanea este código QR o accede a la página <mentalidadbuenasuerte.com/recursos>.

Al final de cada capítulo encontrarás el mismo código QR, de manera que lo tendrás siempre a mano cuando leas el libro.

Te invito a que disfrutes gratuitamente de esta formación —valorada en 249€— y te doy la bienvenida a mi Escuela Humanista.

SUMARIO

Introducción: El *software* de tu destino **15**

I. Primera hoja de tu trébol de la Buena Suerte
TUS CREENCIAS: LO QUE CREES ES LO QUE CREAS **23**

1. De lo imposible a lo posible 25
2. No hay dolor mayor que el de los sueños no realizados.. 35
3. Saber y no hacer equivale a no saber.................... 43
4. Mira apreciativamente.. 49
5. Oportunidad se relaciona con ser oportuno 59
6. La resignación es un suicidio cotidiano................ 69
7. La clave para una vida lograda: la longanimidad ... 75
8. Esto también pasará.. 86
9. La pregunta más importante: ¿Qué es lo que tengo que aceptar? 92
10. Si quieres que los demás crean en ti, comienza por hacerlo tú.. 98

II. Segunda hoja de tu trébol de la Buena Suerte
TUS HÁBITOS Y VALORES: LO QUE HACES AHORA SERÁ TU DESTINO **105**

11. Los principios de Jefferson 107

12. Soñar con nuevas posibilidades 114

13. ¡Lo mejor está por llegar! (pero, por si acaso, ve a por ello) 123

14. «Me ha llevado diez años tener éxito de la noche a la mañana» (Woody Allen) 129

15. Aplica la regla DSC 134

16. La mentira y el error 140

17. La envidia es admiración vestida de frustración... 146

18. Lo extraordinario lo logra gente común y corriente 152

19. Si quieres una mano que te ayude, la encontrarás al final de tu brazo 161

20. La sabiduría del estoicismo 166

III. Tercera hoja de tu trébol de la Buena Suerte
TU IDENTIDAD: ERES LA NIÑA O EL NIÑO DE TU FUTURO **175**

21. No te alejes de las personas negativas... ¡Huye de ellas a la velocidad de la luz! 177

22. El principio de Maya Angelou 184

23. Los prejuicios esterilizan, el coraje vitamina....... 190

24. De tu vida nadie sabe más que tú 196

25. Desbloquea los cerrojos de tu libertad vital 203

26. La vía del Kaizen.. 209

27. Puedes aprender tanto de tus errores que cuando tropieces, en lugar de caer, vueles........................... 216

28. Tú eres la causa de tu Buena Suerte.................. 223

29. Comienza ya a crear tus circunstancias 230

30. Eres la niña o el niño de tu futuro 237

IV. Cuarta hoja de tu trébol de la Buena Suerte
SIN EXCUSAS: LA CUARTA HOJA LA PONES TÚ INSTANTE A INSTANTE **247**

31. Síntesis de todo el libro.................................... 249

32. Un regalo más y ¡seguimos! 281

Bibliografía recomendada............................ 283

Agradecimientos.. 287

«La suerte es el lugar
donde confluyen
la preparación
con la oportunidad.»
SÉNECA

INTRODUCCIÓN: EL *SOFTWARE* DE TU DESTINO

Los grandes sabios de la llamada Era Axial —cuando se despertó la consciencia en Oriente y Occidente hace más de dos milenios— ya sabían que la mente crea el mundo en el que vivimos.

Aun compartiendo circunstancias idénticas, dos personas pueden habitar en universos totalmente distintos según sea su mirada sobre la vida.

Como nos recuerdan los maestros del budismo, al mirar la realidad la teñimos de nosotros mismos. Las cosas, más que ser como son, son como nosotros las interpretamos. Lo que para unos es ambiente en una discoteca, para otros es saturación. Lo que para unos es fracaso, para otros es una oportunidad de aprendizaje. Lo que para unos es imposible, para otros es una tarea sumamente fácil que han logrado hacer con gran perseverancia.

Tu mirada crea tu mundo. Y tu mentalidad crea tu mirada.

Por consiguiente, si no te gusta tu existencia aquí y ahora, lo inteligente es transformar tu mirada sobre ella. Tal como decía Marcel Proust en una de mis frases favoritas: «Aunque nada cambie, si yo cambio, todo cambia».

En ese sentido, las treinta lecciones de este libro pivotan en torno a un principio fundamental: *la calidad de tu vida depende de la calidad de tu mentalidad*. Y tú puedes crear tu Mentalidad Buena Suerte si integras las siguientes reflexiones y las aplicas en tu vida como lo han hecho miles de alumnos de mi Escuela Humanista, a quienes he tenido y tengo el privilegio de acompañar en la transformación de su vida personal y profesional.

La manera en la que percibes el mundo, lo interpretas y lo narras —¿qué te cuentas y cómo te lo cuentas?— condiciona tus procesos y tus resultados en la vida. Dicho de otra manera, estoy convencido de que *lo que crees tiende a ser lo que creas*.

A lo largo de la vida vas a encontrarte con dos tipos de personas:

1. *Víctimas de las circunstancias*. Son espectadores pasivos de la vida y van a remolque de los acontecimientos. Viven su destino como el resultado de una inercia condicionada por el azar. Culpan al mundo, señalan a los demás o se quejan de su desgracia, mientras esperan que un golpe de suerte les favorezca. Son pasivos y están resignados, porque hacen depender su fortuna de agentes externos. Esperan que la suerte, el azar, transfor-

me sus vidas. Se la juegan cada semana esperando que el bombo de la lotería les dé la combinación ganadora que les permitirá «tocar el cielo».

2. *Creadores de circunstancias.* Generan su propia buena suerte, ya que saben que su destino se forja día a día a través de sus actitudes, valores, habilidades y hábitos que van construyendo desde su mentalidad. Son proactivos y están empoderados, ya que son conscientes de que llevan dentro de sí el poder de crear su futuro. No esperan que decida el azar por ellos; se erigen en protagonistas de su propia historia, aprenden de sus errores, son humildes, perseverantes, activos, generosos y apasionados de lo que hacen.

Si quieres pertenecer al segundo grupo, este libro es para ti. Y seguramente te reconozcas en las siguientes características:

1. Tomas la decisión de ser causa y no efecto de lo que sucede día a día en tu vida.
2. Te haces responsable de tu vida, en lugar de mantenerte como víctima.
3. Eres protagonista proactivo y no agente pasivo de lo que te sucede.
4. Decides responder de manera consciente en lugar de reaccionar irreflexivamente.

5. Tu coraje puede más que tu miedo. Te atreves a crecer y aprender constantemente.
6. Prefieres cooperar a competir y destruir. Sabes que la persona que de verdad compite contigo eres tú mismo.
7. Te interesa sumar, más que restar, en todo cuanto haces.
8. Vives la vida como una oportunidad de aprendizaje y crecimiento constante, más que un desafío difícil y tedioso al cual enfrentarte cotidianamente.
9. Eliges construirte desde tus actitudes y valores que, en forma de hábitos, se convierten en tus virtudes personales.

Sobre este último punto, quiero apuntar que la Buena Suerte de verdad, la que tú creas y construyes instante a instante, es el resultado de tus virtudes en acción, pero todo ello comienza con tu mentalidad, y tu mentalidad es un conjunto de creencias.

* ¿Eres consciente de las creencias que gobiernan tu vida?
* ¿Cuáles te ayudan a avanzar y cuáles te frenan o te boicotean?
* A lo largo de este libro trabajaremos sobre las creencias y los hábitos, ya que definen quiénes somos, lo que podemos crear y, en definitiva, el mundo en el que vivimos.

Tus creencias giran alrededor de tres ejes:

1. Lo que crees sobre ti.
2. Lo que crees sobre los demás.
3. Lo que crees sobre la vida.

¿Te has parado a pensar sobre estos tres ejes que construyen tu identidad y tu destino? Este es un ejercicio que todos deberíamos hacer de vez en cuando, ya que su impacto en nuestra vida es determinante.

Hay personas que creen que no pueden, que los demás abusarán siempre de ellas y que la vida es dura.

Hay personas, en cambio, que creen que pueden aprender y mejorar de forma ilimitada, que encuentran en los demás la calidad humana necesaria para llevar a cabo proyectos en los que imperen la colaboración, la sinergia y los buenos resultados.

Para este segundo grupo, el de quienes poseen Mentalidad Buena Suerte (MBS), la vida es un lugar de realización lleno de posibilidades, todo lo contrario de quienes tienen una mentalidad de escasez, victimización, apatía, envidia, vanidad, resignación o abandono.

Se puede decir más alto, pero no más claro: *tu vida es y será tu mentalidad* y, en las páginas que siguen, tendrás la oportunidad de construir y crear tu MBS, asimilando pequeñas lecciones de profunda sabiduría que, una vez incorporadas a tu alma, a tu ser, harán de ti una persona distinta.

Porque, al final, tu mentalidad no deja de ser el *software* que gobierna tu existencia y que te lleva a interpretarte y a fijar las expectativas de lo que crees que mereces y lo que crees que puedes o no lograr.

Vamos a hacer un viaje por treinta lecciones agrupadas en cuatro partes. En el inicio de cada parte verás el dibujo de un trébol que irá ganando una hoja en cada una de los siguientes bloques hasta completarse en un trébol de tres hojas. La cuarta parte del libro es una síntesis de todos los aspectos clave de tu Mentalidad Buena Suerte, y tiene, además, una sorpresa, ya que la cuarta hoja del trébol la pondrás tú y te daré una oportunidad que espero que te sorprenda y te invite a hacerlo.

Te doy la bienvenida a la mayor de las aventuras: crear tu vida tal como quieres que sea.

Álex Rovira Celma

A lo largo de los próximos diez capítulos o lecciones vas a profundizar en las claves de tu Mentalidad Buena Suerte desde la creación de tu pensamiento, creencias y actitudes.

Verás el funcionamiento del software *que te permitirá transformarte desde dentro hacia fuera.*

Porque lo que crees es lo que creas.

PRIMERA PARTE

Primera hoja de tu trébol de la Buena Suerte

TUS CREENCIAS: LO QUE CREES ES LO QUE CREAS

1. DE LO IMPOSIBLE A LO POSIBLE

Sin duda, vivir es la aventura más fascinante. Ante nosotros se abre todo un universo de elecciones y en nuestro recorrido encontramos constantes desafíos y cambios.

Nada está escrito ni decidido porque, como nos recordaba el poeta Machado, «se hace camino al andar». No obstante, a veces nos conformamos con senderos que no son los nuestros, con callejones sin salida incluso, y renunciamos a nuestros sueños porque *confundimos lo posible con lo probable y creemos que lo poco probable es imposible*.

No es un juego de palabras. Lo cierto es que muchas veces descartamos éxitos que pueden darse porque no resulta obvio que vayamos a alcanzarlos.

Etimología de *posible* y *probable*

Antes de nada, quizá conviene que pongamos cada término en su lugar. J. M. Albaigès recoge en su *Diccionario de palabras afines* que *posible* es «todo suceso que puede darse», mientras que *probable* se define como «suceso que puede darse y sobre el que hay buenas razones para pensar que sucederá».

En un sentido estricto, solo el vocablo *probable* admite gradación, o, lo que es lo mismo, que algo pase en mayor o menor medida. Por su parte, cuando hablamos de lo *posible* y lo *imposible*, nos referimos a un sí o un no, blanco o negro, sin grises intermedios.

Así, por ejemplo, podemos decir que es probable o no que nieve, pues depende de varios factores; por el contrario, afirmar que es posible que nieve supone que vivimos en un clima lo suficientemente frío para que este fenómeno ocurra, algo imposible, a su vez, en un clima tropical.

Si trasladas a tu vida esta aclaración de significado, te darás cuenta de que lo que está por venir y te resulta aún desconocido entra en *el campo de lo posible y probable*. Por lo tanto, *es realizable si apartas de una vez la idea de que, por baja que te parezca la probabilidad de lograrlo, no llega a la zona de lo imposible*.

Por mi propia experiencia te puedo decir que, por ejemplo, parecía imposible que el libro *La Buena Suerte*, que escribí junto con mi amigo Fernando Trías de Bes, fuera traducido a más de cuarenta idiomas y vendiera más de tres millones de ejemplares en tan solo un año, pero cuando lo escribíamos teníamos la certeza de que el libro podría tocar el alma de miles de personas y recuerdo que anoté en un gran póster en mi despacho la frase «1.000.000 de ejemplares vendidos en 3 meses». Lo creas o no, así fue. Pero para que ese sueño fuera realidad cuidamos los más mínimos detalles del que para muchos lectores de todo el mundo es su libro de cabecera.

Con ello quiero decirte que no solo hay que verlo para creerlo, te diría que es aún más importante *creerlo para verlo*. Y tus creencias se crean en tu mente. Si tu mente vive desde el sí a lo posible, entonces trabajarás para que tu deseo se haga realidad con la mayor probabilidad que esté en tu mano.

Te pongo otro ejemplo. Sucedió en la historia del atletismo, con la llamada «barrera de los 10 segundos». Nadie creía que fuera *posible* correr los 100 metros en menos de 10 segundos hasta que en 1968 Jim Hines logró hacerlo en 9,95 segundos.

Sin embargo, una vez batida la marca por primera vez, al saberse que era *posible*, no pasó ni una década hasta que lo logró otro corredor, Silvio Leonard. Desde entonces, muchos buenos atletas han bajado de los 10 segundos. Y no solo porque es posible, sino porque para un atleta de élite que trabaje adecuadamente ha pasado a ser *probable*.

¿Te das cuenta del poder que tienen las palabras, las etiquetas, para los logros que te propones? ¿Te das cuenta de lo importante que es cómo te hablas a ti mismo en tu propia mente? ¿Puedes observar que el relato que haces en tu mente crea tu mentalidad y tanto si crees que puedes como si crees que no puedes, estarás en lo cierto porque aquello que crees es aquello que tiendes a crear?

El escritor Mark Twain, creador de Tom Sawyer y Huckleberry Finn, lo condensa de manera excelente en una frase: «No sabían que era imposible, así que lo hicieron». Si aceptas que tu vida es un libro en blanco en el que día a día tú puedes escribir sus páginas, las páginas de tu historia y tu destino, ¿a qué esperas para vivir tu vida sin la traba de lo imposible?

Porque ¿cuántas veces te has convertido en la maestra o el maestro de la limitación de tu propia vida? Sin darnos cuenta vamos asumiendo como realidad nuestros propios «noes» interiores: «no puedo», «no lo merezco», «no lo lograré», «no puedo superarme ni superar a tal persona», «no puedo llegar a ser»... y tantos otros mandatos que nos imponemos por inercia autolimitándonos.

En este sentido, reproduzco aquí las palabras del maestro de canto Tom Krause: «Si solo hacemos lo que sabemos que podemos hacer, nos limitamos». Estos límites, que a menudo pueden parecerte confortables, no dejan de ser una especie de paz barata, de inercia, de hogar abandonado en nuestra propia alma. La vida puede ser luz, acción, ilusiones convertidas en realidades, pero todo lo anterior muere a manos de tus creencias limitantes, que son las que aniquilan tu Mentalidad Buena Suerte.

Reescribir tu guion de vida

Nada es imposible si creas nuevas circunstancias desde la acción responsable, la humildad y el aprendizaje continuo.

Los kahunas hawaianos, portadores de una sabiduría ancestral, hablan del *100% de responsabilidad*. Cuando te haces responsable de todo lo que te sucede, el poder está contigo porque de todo puedes aprender y todo lo puedes mejorar constantemente.

La voluntad de aprender y superarte, ahora y siempre, es un atributo de la humildad que distingue a las grandes almas.

Desde la responsabilidad y el aprendizaje que vas adquiriendo en el camino, puedes reescribir el guion de tu vida. Este concepto, planteado por el doctor Eric Berne en su teoría psicológica del Análisis Transaccional, se refiere a que, muchas veces sin darnos cuenta, seguimos patrones y creencias que nos han transmitido desde la infancia. Y los seguimos sin cuestionarlos, dando por cierto aquello que nos han dicho nuestros padres con la mejor de las intenciones pero, perpetuando a su vez, las creencias limitantes que ellos mamaron de sus propios padres, es decir, nuestros abuelos, y así sucesivamente.

Si lo miras con una cierta perspectiva, te darás cuenta de que las limitaciones inconscientes con las que conviven muchas personas vienen heredadas de sus ancestros. Limitaciones que, convertidas en pensamientos dolorosos o ideas limitantes, bajan el cielo a la altura de dos palmos del suelo, lo que hace que muchas personas ni tan solo —metafóricamente hablando— consideren la posibilidad de andar erguidas. Por esa razón viven ancladas en un patrón de mentalidad y de comportamiento que proviene de su constelación familiar.

Estas ideas heredadas te condicionan a la hora de amarte (autoestima), de gustarte (autoimagen), de valorarte (autoconcepto), de mejorarte (automejora), de crecer (autoeficacia), de relacionarte y de proyectar tu vida en un futuro mejor para ti y para quienes te rodean. Se requiere coraje y paciencia para desenmascarar estos patrones y reivindicarte como autor y protagonista de tu vida.

Un puente más allá de lo imposible

Volviendo al tema de este capítulo, el médico y escritor Deepak Chopra afirmaba esta bella frase: «Debemos encontrar el lugar dentro de nosotros donde nada es imposible». Cuando la leí por primera vez, sentí que este lema de vida me había acompañado siempre. Sentí la frase como si fuera un reflejo de mi voluntad de crecer constantemente y de divulgar y compartir con el mundo precisamente eso: hay algo en ti, en tu creatividad, en tu talento, en tu forma de ser, en tu humor, en tu mirada, en tu manera de expresar cariño, en tu forma de pensar, en tu inteligencia, en cualquier dimensión de tu maravillosa singularidad que hace que seas alguien capaz de crear algo que nadie más puede crear. Nadie tiene tu misma firma, ni tus mismas huellas ni tu misma risa. Ni tantas otras cosas que, por separado y conjuntamente, te hacen ser original y singularmente tú. Y es ahí donde reside el origen de toda creación tuya, única, propia, sin igual.

Para llegar hasta ese lugar mágico, este puente de lo imposible hacia lo posible se llama *desafío*. Cada vez que introduces un nuevo reto en tu vida, trazas un puente desde tu singularidad hacia tu poder oculto. Y ahí reside, en esa conexión, tu expresión divina, única: la foto que nadie más captará, el dibujo que solo tú crearás, el negocio que tendrá la huella de tu pasión y talento, la canción que nadie interpretará como tú.

Se trata de que te atrevas a crear ese puente: el puente que une la persona que eres con la persona que puedes llegar a ser si te lo propones y activas tu MBS. A veces ese puente se crea por necesidad, otras veces, por vocación, y otras, de la manera más inesperada, como la historia que te voy a contar.

Es la historia del matemático estadounidense George Dantzig. Siendo estudiante en la Universidad de Berkeley, un día llegó tarde a clase de Estadística. Su profesor había apuntado en la pizarra dos problemas que George asumió que eran tareas para casa.

Días más tarde, y tras haber considerado los ejercicios «un poco más difíciles de lo habitual», entregó el trabajo con retraso. Cuál sería su sorpresa cuando su profesor, atónito y emocionado, le dijo que había resuelto dos famosos problemas matemáticos hasta entonces sin solución, y que su propuesta sería publicada en una reputada revista científica.

Al ser preguntado por esta experiencia, Dantzig declaró: «Si hubiera sabido que no eran deberes, sino dos famosos problemas sin resolver en estadística, probablemente nunca habría pensado en positivo, me habría desanimado y nunca los habría resuelto».

¿Te das cuenta de hasta qué punto todo es una cuestión de creencias? *Creer es confiar, es amar lo que haces y es crear.*

El explorador, científico y diplomático Fridtjof Nansen lo resume con acierto: «Lo difícil es lo que lleva un poco de tiempo. Lo imposible, lo que lleva algo más de tiempo».

En esencia, para crear tu Mentalidad Buena Suerte es necesario:

1. Pasar de lo imposible a lo posible creando nuevas circunstancias.
2. Una vez en lo posible, puedes aumentar la probabilidad de logro o cumplimiento a través de la responsabilidad sobre cada acción de tu vida, la

humildad fértil que evita la ceguera de la vanidad, el aprendizaje constante que te lleva a crecer sin parar y la acción, ya que esta última es el verdadero lenguaje de la realidad si en verdad quieres transformarte y transformar el mundo.

EJERCICIO PRÁCTICO:

¿Cuál es tu barrera de los 10 segundos?

1. Determina algo importante para ti que ahora mismo te ves incapaz de hacer.
2. ¿Conoces o sabes de alguien que haya podido hacerlo?
3. En caso afirmativo, pregúntate qué hace esta persona que tú aún no estás haciendo y escribe lo que observas que hace esa persona que tú todavía no estás haciendo, pero puedes comenzar a hacer.
4. Sigue su ejemplo y haz tu diario de mejoras cotidianas y de nuevos hábitos que puedes incorporar.
5. Recuerda la frase del sabio emperador romano Marco Aurelio, quien, en una de sus meditaciones, escribió: «Si algo está dentro de los poderes de un ser humano, también está dentro de tus posibilidades».

2. NO HAY DOLOR MAYOR QUE EL DE LOS SUEÑOS NO REALIZADOS

En una de sus frases más lúcidas, Carl Gustav Jung decía que «La vida no vivida es una enfermedad de la que se puede morir», y ciertamente es así. Un gran número de personas se arrepienten mucho más de todo aquello que no han hecho cuando deseaban profundamente hacerlo que de aquello que han hecho y que no ha salido como esperaban. Y también es muy duro, pero muy cierto, que hay personas que pierden el sentido de su vida y hasta se dejan morir por la culpa y el arrepentimiento por no haber dicho o hecho algo que, con el paso del tiempo, consideraron crucial. Por ejemplo, algo tan simple como decir «te quiero» a un hijo o a alguien muy amado, o haber sido avaros en lugar de generosos, o no haberse arriesgado a tomar una decisión que deseaban profundamente, pero que el miedo frenó.

¿Qué ocurre cuando el verbo que rige tu vida, tu destino, es *esperar* en lugar de *empezar*? La sabiduría popular nos recuerda que «quien espera, desespera», ya que no hay nada más frustrante que no depender de las propias acciones.

Como un preso que aguarda la caprichosa clemencia de un tribunal, anclarse a la espera es ver pasar nuestro bien más preciado: la vida misma.

¿Por qué, entonces, hay tanta gente que espera y tan poca que empieza a vivir su propia vida?

Se me ocurren de entrada dos razones:

1. Desconocimiento del poder que está dentro de uno mismo.
2. Miedo a que las cosas salgan mal, a no estar a la altura o al qué dirán otros si hacemos lo que de verdad deseamos hacer.

Sobre este segundo punto, decía el filósofo español José Ortega y Gasset: «Solo cabe progresar cuando se piensa en grande, solo es posible avanzar cuando se mira lejos». Te invito, desde mi propia experiencia y aprendizajes, y desde los de miles de personas a las que tengo el privilegio de acompañar en su proceso de realización, a que abraces los riesgos necesarios, experimentes, te atrevas a equivocarte y a rectificar, a aprender… En suma, a fluir plenamente con la existencia. *Porque la vida es un juego: ¡juega!*

Y ten claro que el coraje no es la ausencia de miedo. Al contrario, la persona valiente tiene miedo, pero siente que vale la pena arriesgarse. Sí. *Vale la pena*. ¿Has leído bien la frase anterior? Vale la pena, es decir, la pena, el esfuerzo, el sufrimiento de cambiar, vale, aporta valor, tiene valor. *La pena vale; vale la pena*. El coraje te lleva a la acción porque sientes claramente que aquello que deseas crear, cambiar, mejorar o construir tiene sentido a pesar del esfuerzo que suponga conquistarlo. Y repito, que tenga sentido es porque VALE la pena. Cuando te la juegas porque tienes coraje es porque existe la certeza de que eso que quieres lograr bien vale arriesgarse.

Inspiraciones de quienes se van

Así lo sugiere la doctora Elisabeth Kübler-Ross en su maravilloso libro *Lecciones de vida*. Nos viene a decir que *cuando nos situamos más allá del miedo todo es posible e incluso probable*. Porque, de todos modos, ¿el miedo va a salvarnos de morir, el único destino certero? En absoluto. Lo que nos frena no es el miedo a la muerte, no. Es el miedo a la vida.

Tus temores no evitarán la muerte, sino que detendrán tu vida, te robarán la energía para realizarte y ser quien puedes llegar a ser con plenitud. Cito de nuevo al emperador y filósofo Marco Aurelio: «Un ser humano no debería tener miedo a la muerte, debería tener miedo a no empezar nunca a vivir».

Acerca de este tema, resulta especialmente revelador el trabajo de Kübler-Ross, que dedicó su carrera a acompañar a enfermos terminales. Las enseñanzas que recibió de estas personas en el ocaso de sus vidas responden a una cuestión en la que todos coincidían al hacer balance de su existencia.

Cuando ella les preguntaba «¿Qué volvería a hacer si viviera de nuevo?», la respuesta más habitual que le daban sus pacientes moribundos era: «Me hubiera arriesgado más».

La mayoría de estas personas que veían ya cerca el final de su existencia se referían a su vida como a una gran oportunidad perdida. Desearían haber arriesgado más para así haber podido aprender, crecer, compartir y amar. La misma autora, en otro libro sumamente inspirador titulado *La muerte: un amanecer*, decía que, en síntesis, los pacientes que afirmaban que se deberían haber arriesgado más lo resumían de este modo:

> Porque aquello que quería hacer y no hice por miedo, o aquello que quería decir y no dije por pudor o temor; o aquella expresión de afecto que reprimí por un excesivo sentido del ridículo me parecen una nimiedad absoluta frente al hecho de morirme. La muerte es algo que no decido yo, la vida me empuja a ello y ahora, frente a ella, me doy cuenta de que todas esas circunstancias que me parecían un reto terrible son una pequeñez comparada con el hecho de que me muero y ya no hay vuelta atrás.

Los cinco «ojalás»

Pero te invito a que me sigas aún más allá: otra experta en la gestión emocional de las personas en sus últimos momentos de vida, la enfermera australiana Bronnie Ware, recopila en su libro *Los cinco mandamientos para tener una vida plena* las inquietudes y los sentimientos de sus pacientes. De esta lectura también puedes extraer muchas lecciones sobre el arte de vivir, lo cual puede parecer paradójico viniendo de parte de quienes se despiden.

Esta enfermera recogió los «ojalás», el dolor por los sueños no realizados de los pacientes en sus últimos compases. La mayoría de las lamentaciones se asemejaban a estas cinco:

1. **«Ojalá hubiera tenido el coraje de vivir la vida que yo quería y no la que los demás esperaban de mí.»** Al mirar atrás y ver que no han cumplido sus objetivos y anhelos, las personas se percatan de que la responsabilidad de no haberlos llevado adelante es suya. Desearían haber seguido sus prioridades, en lugar de cumplir las expectativas de los demás.
2. **«Ojalá no hubiera trabajado tanto.»** Fueron mayoritariamente hombres los que se lamentaron de no haber dedicado tiempo a su pareja o hijos cuando estos eran pequeños. Este arrepentimiento nos puede dirigir a la reflexión de si nos ganamos la vida o nos perdemos la vida.
3. **«Ojalá hubiera tenido el coraje de expresar mis sentimientos.»** Guardarse las emociones por timidez o por miedo a la reacción de los demás

limita la profundidad de nuestra existencia. Puede que haya quien se moleste si somos honestos, pero expresar lo que sentimos contribuirá a que una relación crezca o, por el contrario, a que se acabe porque no era saludable. En ambos casos, todos salen ganando.

4. **«Ojalá hubiera mantenido el contacto con mis amigos.»** Nos absorben tanto las rutinas que muchas veces dejamos de lado las amistades que nos nutren, desconectamos de estos vínculos tan necesarios muchas veces sin darnos cuenta. Hasta que lamentamos, demasiado tarde, no haber disfrutado más de su compañía, no haberles dedicado la estima que merecían. Al final del camino, descubriremos que lo esencial son las relaciones; todo lo demás queda en un segundo plano.
5. **«Ojalá me hubiera permitido ser más feliz.»** Esto nos devuelve, dentro de lo intangible que puede ser la felicidad, a lo que nos ocupa en este capítulo. ¿Qué sueños hemos dejado de realizar? ¿Y quién es responsable de eso? Nuevamente, esperar a que se nos conceda la gracia de ser felices hace que nos demos cuenta, al final, de que el muro de la felicidad se construye con ladrillos de pequeñas alegrías bien vividas.

Los seis propósitos

Y ahora demos otro paso para profundizar en la importancia de seguir la voz de nuestros anhelos, la voz del corazón que nos invita al coraje como forma de vida.

Si a estos cinco «ojalás» añadimos el recogido por la doctora Kübler-Ross –«Ojalá me hubiera arriesgado más»–, podemos transformar los lamentos en seis propósitos que nos salvarán del dolor de los sueños no realizados. Y podemos activarlos a través de estas determinaciones:

1. Decido arriesgarme más, en adelante, por aquello que merece la pena.
2. Decido vivir mi propia vida, no la que otros esperan de mí. Me determino.
3. Decido trabajar para vivir y no vivir para trabajar.
4. Decido expresar amor y manifestar lo que siento de forma respetuosa, amable y transparente.
5. Decido cuidar de mis amistades y disfrutar de su cuidado.
6. Decido, en suma, crearme una vida feliz para mí y para mi entorno.

EJERCICIO PRÁCTICO:

Transforma tus «ojalás»

1. Imagina que te encuentras en los últimos momentos de tu vida, con el tiempo justo para reflexionar sobre cómo ha sido tu existencia.
2. ¿Qué lamentarías no haber hecho?
3. Date ahora la buena noticia: estás aún con vida y puedes hacerlo.
4. Elabora una lista de propósitos a partir de esos «ojalás».
5. Empieza a hacerlos realidad desde este mismo momento.

3. SABER Y NO HACER EQUIVALE A NO SABER

La vida es acción. La intención sin ejecución es solo un sueño que se esfuma como el humo.

Por mucha preparación y recursos que tengas, por mucho que cuentes con inteligencia para conseguir aquello que te has propuesto, sin la voluntad inmediata de actuar no sucederá nada. Como decía en *El mapa del tesoro*, coescrito junto a mi buen amigo Francesc Miralles, *de nada sirve la ley de la atracción si no se acompaña con la ley de la acción*.

Sobre esto, el escritor alemán Johann Wolfgang von Goethe ya señalaba que «con saber no basta, hay que aplicarlo; con querer no es suficiente, hay que hacer».

Tu Mentalidad Buena Suerte no se circunscribe al pensamiento, es una mentalidad orientada a la acción. No basta con decir las cosas; hay que hacerlas, porque cuando las hagas, hablarán por sí mismas de ti. Tus acciones son tu yo verdadero, tu yo-experiencia.

La sabiduría que no se traduce en hechos equivale al vacío y a la especulación. Sobre eso, el novelista de origen polaco Joseph Conrad añadía: «Solo quien no hace nada no comete errores». ¿Cuántas veces el miedo a equivocarnos es la mayor equivocación que podemos cometer?

La pasividad, poner freno a la acción, puede conducirte, como acabamos de ver en el capítulo anterior, al arrepentimiento, a los *ojalás* por lo que hubiera podido ser y no fue porque no lo hiciste y, en consecuencia, a la pérdida de oportunidades. La vida se construye de acciones y de las lecciones que extraes de ellas constantemente gracias a la reflexión. Es bien sabido que *en la vida unas veces se gana y otras veces se aprende*.

El sufrimiento productivo

Nos han enseñado a contemplar el error como algo negativo, un signo de debilidad e incluso de estupidez que queremos evitar a toda costa. De ahí que suframos en lo bueno y en lo malo: al acertar, porque perseguimos la perfección; al equivocarnos, porque nos aplasta el peso de la imperfección.

Aprender a vivir implica sufrimiento, porque muchas veces las cosas no saldrán como esperabas, pero si eres capaz de extraer de ese sufrimiento aprendizajes y enseñanzas para tu futura felicidad, lograrás que se transforme en un sufrimiento productivo. De ti depende.

El sufrimiento puede ser estéril, es decir, no nos llevamos nada de la experiencia del dolor ni del malestar, o puede ser la gran palanca de transformación de tu vida. «Es por la herida por donde entra la luz», decía el gran poeta persa Rumí. Y me atrevo a añadir con toda certeza: *¡es por tu herida por donde puede salir tu luz!* Si en lugar de victimizarte decides aprender y poner tu herida al servicio de los demás, encontrarás el mayor tesoro imaginable: la gracia en la aparente desgracia. Es así como los humanos desplegamos nuestras alas.

Si extraes lecciones positivas de los momentos complicados, estarás transformando el dolor en algo útil para tu vida. Ese es el sufrimiento productivo.

Cuando la adversidad llama a tu puerta, puedes derrumbarte o aceptar el reto de aprender. Tal como se cuenta en una conocida fábula, la dificultad es como el agua hirviendo. Puedes ablandarte y deshacerte como una zanahoria; puedes endurecerte como un huevo; o puedes ser como el café, que cambia el agua con su esencia y sabor.

Así actúan las personas con MBL sobre su realidad.

Como dice mi gran amigo Antoni Bolinches, excelente escritor y divulgador: «No es necesario sufrir para aprender, pero ya que sufriremos inevitablemente, aprendamos del dolor y démosle valor vital».

Error y *fracaso* no son sinónimos

En su libro *Ayúdate*, el cardiólogo brasileño Lair Ribeiro comparte la idea de que no hay que confundir conocimiento y sabiduría. Afirma que el conocimiento nos ayuda a ganarnos la vida, y la sabiduría, a construirla.

Dentro del conocimiento que nutre a la sabiduría ubicamos el error. Es bien sabido que el ensayo-error permite avanzar a la ciencia, es la vía que lleva al descubrimiento por excelencia. Por eso las equivocaciones son imprescindibles para aprender, nuestro mayor tesoro, siempre que las asumamos y corrijamos.

Ante un error o una crisis...

- Puedes ser víctima y quedarte en la queja constante, en la adicción al «¡ay, pobre de mí!».
- Puedes responsabilizar al sistema, al mundo o a cualquier elemento externo que crees que está en tu contra y pasarte la vida con el dedo apuntando hacia delante sin darte cuenta de que, si sigues la trayectoria inversa, el trayecto que parte del dedo que apunta, de la mano en la que está el dedo y del brazo que sostiene la mano, irás a parar a ti mismo.
- Puedes atrincherarte en el pesimismo, en la frustración y en el mal humor. En la amargura constante y en el cinismo ácido.

Sin embargo, tu MBS te ofrece otro camino: puedes asumir tu responsabilidad ante lo que estás viviendo, comprender que la equivocación es tu herramienta más poderosa, porque te permite cambiar de dirección eliminando otras opciones que ya sabes que no funcionan. Por este motivo, error y fracaso no son sinónimos:

1. El error es el tesoro más grande para el aprendizaje si lo asumes y corriges. Del error se aprende constantemente.
2. El fracaso se produce al vestir al error de culpa y hundirte en la victimización. Es así de simple:

FRACASO = ERROR + CULPA

Y mientras que la responsabilidad es fértil, la culpa no solo resulta estéril, sino que hay incluso personas que deciden suicidarse arrastradas al abismo del sufrimiento por la culpa. Quítate las culpas de encima, sé una persona práctica, y conviértelas en responsabilidad. Libérate de las cadenas que te anclan a la culpa y cámbialas por las alas de la responsabilidad.

Resumiendo: solo fracasa quien no aprende de las equivocaciones, quien no hace nada para enmendarlas y cambiar el rumbo de su vida. Nos referimos a la acción creativa a la que alude el filósofo hindú Jiddu Krishnamurti: «*Comprender* significa acción inmediata. [...] Abandonar la pereza y pasar a la acción consciente, eso es vivir el presente. Porque la acción más pequeña vale más que la intención más grande». Y así es.

EJERCICIO PRÁCTICO:

Del victimismo a la acción

1. Cada vez que algo salga mal o que te encuentres en una situación indeseada, hazte la pregunta: ¿quién es el causante de lo que estoy viviendo?
2. Aunque consideres que las circunstancias vienen marcadas por terceros, pregúntate: ¿cuál es mi parte de responsabilidad en este asunto?
3. Una vez dilucidado eso, pasamos a la acción: ¿qué puedo hacer para no volver a pasar por esto? ¿Y qué puedo hacer ahora para sobrellevar mejor la situación?
4. A partir de este punto, asume que has abandonado el papel pasivo de víctima por el activo de protagonista de tu propia vida.

4. MIRA APRECIATIVAMENTE

Decía el industrial Henry Ford que «tanto si piensas que puedes como si piensas que no puedes, estás en lo cierto», y es que tu Mentalidad Buena Suerte depende en gran parte de cómo nos miramos y cómo miramos al mundo.

Tu mirada puede ser despreciativa, neutra o apreciativa.

Muchas personas van por el mundo ejerciendo constantemente una mirada despreciativa. Pasan buena parte del día criticando y juzgando a los demás, gratuitamente, sin saber apenas poco o nada de aquellos a los que juzgan. Quizá por ello el gran psicólogo Carl Gustav Jung escribió este lúcido aforismo: «pensar es difícil, por eso la mayoría de las personas prefieren juzgar».

La mirada apreciativa, por el contrario, consiste en mirarse a sí mismo, a los demás y a la vida buscando aquellos elementos que destacan, que son positivos, que suman, que unen.

Es un ejercicio sumamente interesante porque, cuando lo practicas, tomas conciencia de que hay muchas más situaciones, experiencias, personas, paisajes, lugares maravillosos.

Tu mundo cambia porque tu mirada lo transforma a partir del ejercicio voluntario y consciente de querer ver lo bello, lo bueno y lo verdadero en el mundo, en lugar de pasar el tiempo jugando a criticar, a celar y a buscar defectos. La mirada apreciativa se ejercita constantemente cuando existe la voluntad de querer mirar para ver lo bueno. Va íntimamente ligada a la gratitud consciente. Por esta razón, quizá lo más inteligente que los seres humanos podemos hacer es aprovechar el tiempo que nos sobra para adquirir la sabiduría que nos falta a través de la mirada apreciativa, el aprendizaje permanente y la reflexión crítica.

Por lo tanto, para desarrollar tu mirada apreciativa y tu sabiduría, y para mejorar tu estado de ánimo, tu autoestima, tus relaciones y tu felicidad, te invito a que te preguntes:

- ¿Cómo miro a los demás?
- ¿Cómo me miro, honestamente, a mí?
- ¿Es una mirada confiada, poderosa, comprensiva, amable y empática?
- O, por el contrario, es una mirada crítica, victimista, celosa, envidiosa y despreciativa?

El punto de vista que decides adoptar no solo condiciona la calidad del vínculo con los demás, sino también tus posibilidades de realización en tu vida. Es evidente que una persona agradable, amable, generosa y positiva es mucho más magnética y atractiva que alguien desagradable, malhumorado, egocéntrico, egoísta y negativo.

Te pongo un ejemplo concreto: ¿sabías que se han realizado estudios que demuestran que las personas agradecidas resultan mucho más atractivas a los ojos de los demás que las personas ingratas y criticonas? No es el atractivo físico solamente el que define la belleza; es el atractivo que decides imprimir a tu ser con la elección de tu MBS que incluye el ejercicio de la mirada apreciativa.

Y no nos confundamos: ejercer la mirada apreciativa no quiere decir renunciar al pensamiento crítico. No se trata de vivir en una ingenuidad ciega. Más bien es lo contrario. Decides ver el mundo tal y como es, con la mayor objetividad posible, pero, a la hora de relacionarte con tu propio ser y con los demás, tomas la decisión consciente de hacerlo de manera amable, constructiva, mirando con aprecio, es decir, estimando y valorando. Viendo el valor donde normalmente pasa inadvertido.

Nuestra mirada es a menudo inconsciente, pero siempre resulta determinante: las expectativas que mantenemos para con nosotros y las que pensamos que albergan los demás sobre nuestras acciones pueden darnos alas y hacer florecer maravillosas oportunidades o, por el contrario, sembrar dudas y destruir posibilidades.

El efecto Pigmalión

Es un fenómeno que recibe su nombre de un mito clásico recreado en *Las Metamorfosis* de Ovidio, en el que Pigmalión es un escultor que se enamora de una estatua esculpida por él mismo.

Para la psicología moderna, el efecto Pigmalión describe cómo una expectativa positiva cargada de deseo se puede hacer realidad.

Tomemos un ejemplo ilustrativo en negativo y en positivo. Nos encontramos un sábado en un partido de fútbol entre adolescentes. En las gradas, un padre grita a su hijo: «¡Venga, cáete otra vez, so torpe!».

El chico, que para su entrenador y compañeros es el mejor del equipo, encadena errores a partir de este momento. Más que su talento y su esfuerzo, en él pesa más la creencia que su padre le ha inculcado: «eres torpe».

Sorprendido, el entrenador se reúne con el progenitor y le hace ver que su actitud derrotista contagia inseguridad a su hijo. Este quiere agradar a su padre y sigue el patrón que le marca. A partir de ese momento, el padre orienta su postura hacia el ánimo y el refuerzo nutritivo. El mejor del equipo deja de caerse para dar lo mejor de sí mismo. Porque en realidad el muchacho se caía porque seguía la orden de su padre en forma de creencia: ¡soy torpe!

Encontraremos infinidad de casos similares en el ámbito educativo, laboral, incluso en el de la pareja.

Tu mirada, tu manera de estar en el mundo, manifiesta tu sistema de creencias. *Mi vida es la suma de lo que creo sobre mí, lo que creo sobre ti y lo que creo sobre la vida.*

Imagina que eres capaz de practicar una mirada apreciativa, de concentrarte en las bondades y las virtudes sin perder el pensamiento crítico, de liberarte de falsas creencias sobre ti mismo, de todos los prejuicios y especulaciones sobre los otros. Estarías mucho más cerca de algo fundamental: la realidad.

El poder de las expectativas... y de las caricias

Hacernos buenas personas, buenos profesionales y buenos ciudadanos, es decir, crearnos y autoconstruirnos como buenos seres humanos es una conquista que precisa de tres principios: *placer*, *deber* y *realidad*. En ellos se trenza la transformación individual y colectiva, que, sin duda, potenciamos al añadir una mirada apreciativa.

Amar es cuidar, y el resto son palabras.

Amar es relacionarnos con nosotros mismos y con los demás cuidando desde la mirada hasta el gesto y la palabra. Es inspirar para ayudar a quienes nos rodean a desplegar sus alas y que puedan llegar a ser quienes están llamados a ser. Si amas y te aman de verdad, construiréis nuevas realidades que mejorarán la vida de las personas que os profesáis afecto. *Amar es mejorar la vida*. Así de simple. Y mejorar la vida pasa por darte a ti y dar posibilidades al otro: que puedas llevar a cabo un nuevo proyecto que te ilusiona, superar un examen, hacer un buen trabajo de investigación, darte el permiso de hacer algo que te da miedo, pero que a la vez deseas profundamente.

El *permiso* es un concepto muy importante en psicología. Podemos transmitirlo tanto verbalmente como mediante el lenguaje no verbal. Eso ocurre cuando acompañamos al otro desde la calma, el cariño y el rigor.

La ternura es un elemento fundamental para la transformación de la consciencia. Para empoderarnos y empoderar a los demás, deberíamos reconocernos más, ser más amables los unos con los otros, respetarnos más, incluso con las personas próximas y bienamadas, acariciarnos más, abrazarnos más, besarnos más, mirarnos más, aunque sea en un silencio cómplice compartido. Y no me refiero solo a la caricia como a un intercambio de piel con piel. La mirada con aprecio, con ternura, también es una caricia que eleva la inspiración, la motivación, las emociones, los sentimientos y los estados de ánimo.

De eso trata, justamente, el psicoterapeuta Claude Steiner en su teoría de la economía de las caricias. En su libro *Los guiones que vivimos* explica que los signos de reconocimiento o caricias (el afecto, la mirada, la palabra y el gesto) son imprescindibles para sobrevivir. Hay una correlación positiva y extraordinaria entre cómo cuidamos y nos autocuidamos y nuestro desarrollo psicológico, emocional, intelectual y físico.

Las personas que se sienten faltas de reconocimiento tienden a buscar estas caricias, a veces incluso las mendigan, lo cual no hace más que agrietar la autoestima. Quien no se siente reconocido y amado tiende a complicarse la vida para, desesperadamente, llamar la atención de los demás. Por eso hay tantas personas que juegan inconscientemente a hacerse las víctimas. Porque en sus desgracias que comparten hay un grito desesperado: *mírame, aquí estoy, dedícame tu escucha, no me ignores. Acaríciame, aunque sea prestándome atención.*

No esperes a que te rescaten. Pide ayuda, atención y ternura cuando sientas que la necesitas. Y te darás cuenta de que hay muchas personas que, como tú, anhelan ese encuentro y ese intercambio libre de máscaras y basado en una intimidad respetuosa y amable. Quizá no hay nada en el mundo tan gratificante como encontrarse con alguien que escucha de verdad, que mira apreciativamente y que ejerce la delicadeza, la atención y la amabilidad sin imposturas ni esfuerzos. Esas son las buenas personas que dan sentido a la vida. Y tú puedes ser una de ellas. Practica entonces la mirada consciente para crear vínculos de calidad, experiencias de calidad, encuentros de calidad, porque en cada mirada estarás sembrando semillas de Buena Suerte para ti y para los demás.

Tu mirada tiene el poder de crear nuevas y maravillosas realidades, instante a instante. Aprovecha ese milagro que puedes realizar permanentemente.

EJERCICIO PRÁCTICO:

El efecto sorpresa

1. Trata de hacerte cosquillas a ti mismo. ¿Qué sucede?
2. Muy probablemente comprobarás que eres incapaz de reírte. No puedes hacerte cosquillas a ti mismo porque sabes previamente dónde vas a buscarlas. Sin factor sorpresa ni deseo, tu cerebro anticipa y anula. Se muere el efecto Pigmalión.
3. Ahora imagina que alguien a quien deseas te dice que te hará cosquillas, pero no te dice dónde.
4. Solo con pensarlo puede embargarte la risa tonta o puedes partirte de risa sin que la otra persona llegue ni tan solo a tocarte. Y es que no somos de piedra.
5. Piensa cómo puedes aplicar el efecto sorpresa, como el de esas cosquillas inesperadas y cariñosas, para animar y estimular la vida de los demás. Una caricia para el alma puede ser regalar un libro, organizar el pase de una película motivadora que genere un buen debate posterior, compartir esa canción que sientes que te ha tocado el alma, sorprender a tu pareja con una cena romántica inesperada, llevar a tu familia de excursión a un lugar que sientes que les encantará, y tantas otras cosas más.
6. Si elevas el ánimo de los demás, por contagio emocional, estarás elevando tu propio estado de ánimo. Y si hiciéramos entre todos ese ejercicio a

menudo, crearíamos una verdadera pandemia de MBS, positiva y transformadora para la humanidad. No lo olvides, tú eres la causa de tu Buena Suerte si así lo decides. Créala, compártela, y comienza a hacerlo tan solo con tu mirada. Es así de fácil, aunque parezca mentira. Pero lo es. Así que te invito a que comiences a practicar a partir de ahora mismo.

5. OPORTUNIDAD SE RELACIONA CON SER OPORTUNO

Decía el poeta E. E. Cummings que *vivir es algo más que no estar muerto*. Y es una gran verdad: existir no es lo mismo que vivir.

Alguien que se deja llevar por la inercia, siempre en piloto automático, tal vez sea un espectador de la vida, pero no participa de ella de forma activa. Existe, pero no vive.

Una de las reglas del libro *La Buena Suerte* es que esta se fomenta creando oportunidades. Y las oportunidades no son un regalo del azar ni te son entregadas por terceros.

Así pues, la oportunidad reside en creer que puedes y *hacerte oportuno* con esperanza activa, alegría, humildad y proactividad.

- *Esperanza activa*, que no pasiva, para esperar lo mejor mientras preparamos el terreno con esfuerzo para que eso «mejor» pueda ocurrir.
- *Alegría* para mantener la ilusión de vivir y la motivación, contagiando a los demás en nuestro propósito. ¡Recuerda que cuanto más compartes la alegría, más crece!
- *Humildad* para entender que lo grande se construye a partir de lo más pequeño, aquello que fertiliza

—como el humus de la tierra— y hace crecer los sueños. Humildad, humor, humus y humano comparten prefijo (*humus* significa 'tierra') y no es por casualidad.

- *Proactividad* para hacer todo lo que depende de ti, sin esperar que la oportunidad te venga a buscar. Dicen que lo mejor está por llegar, pero por si acaso, ¡ve a por ello!

De todo lo anterior puedes deducir que la oportunidad no es un regalo que te hacen, sino que reside en tu capacidad de reconocer —saber ver y apreciar lo que otros incluso desprecian— y actuar para dotar de valor la posibilidad aún no realizada.

Un secreto a la vista de todos

Por eso mismo, muchas veces las oportunidades te pueden pasar inadvertidas. Lo que para uno es una oportunidad maravillosa, otro lo ve como un problema insalvable. ¿Cuántas veces has visto que dos personas reaccionan de manera radicalmente distinta ante una misma situación? Una se hunde o se retira y la otra ve en esa experiencia un tesoro de aprendizajes y transformación.

Por esa razón las oportunidades son como un tesoro a la vista de todos, es decir, a veces son tan obvias que las obviamos, tan evidentes que pasan inadvertidas, tan elocuentes que se vuelven invisibles para quien no sabe reconocerlas, no está preparado y no quiere actuar. Por eso la palabra *oportunidad* se relaciona con ser oportuno. No es que las oportunidades sean evidentes; es que tienes que desarrollar la capacidad de, oportunamente, reconocerlas.

Así como lo poco probable nos parece imposible, muchas veces pasamos por alto la oportunidad porque nos dejamos llevar por la inercia y la rutina, a la espera de que algo o alguien venga a buscarnos. Es como si esperásemos que la oportunidad nos silbara de lejos, levantara los brazos agitándolos y nos dijera: «¡Eh, que estoy aquí, ¿no me ves?!».

Pero la oportunidad no funciona así. Eres tú, con tu mirada apreciativa y tus permisos, quien vas a ver de lejos las oportunidades que se te presenten si te entrenas en esta nueva manera de vivir con tu Mentalidad Buena Suerte que te propongo.

Las oportunidades pasan camufladas ante quienes no saben ver y, en consecuencia, al no verlas, las personas no actúan. Incluso cuando las circunstancias han cambiado y es necesario que nos adaptemos y mostremos iniciativa.

La aviadora y escritora Anne Morrow Lindbergh afirmaba que «no hay un pecado más castigado implacablemente por la naturaleza que el de la resistencia al cambio». Como decíamos al principio de este capítulo, para no acabar como seres vivos que no viven su vida, la oportunidad es un faro que nos guía hacia una nueva realidad con sentido. Toda oportunidad es una puerta a tu transformación significativa.

¿Hasta qué punto te resistes a llevar a cabo los cambios que necesitas?

¿Decides ser tú la causa de tu transformación o sientes que tienen que empujarte?

¿Te atreves a ir a por tus anhelos o sientes que te resignas?

Te invito a que vayas reflexionando sobre estas preguntas mientras te doy más pistas en el siguiente apartado.

La vida es una serie de problemas

El psiquiatra norteamericano Morgan Scott Peck empezaba su ensayo *Un camino sin huellas*, publicado por primera vez en 1978, de manera osada: «La vida es difícil». Esta es la primera frase del primer párrafo de su libro. Recuerdo que cuando lo leí era adolescente, pero esa primera frase tan obvia me impactó profundamente y me dejó atrapado en la lectura del libro.

A continuación, Peck nos va aclarando ese punto de partida. Asegura que cuando nos damos cuenta de que la vida es difícil, «ya no resulta difícil, porque una vez que se acepta esta verdad, la dificultad de la vida ya no importa». Y creo que ahí da en el clavo. Tal y como decía el sabio Séneca:

«No es que no nos atrevamos porque las cosas son difíciles, más bien las hacemos difíciles cuando no nos atrevemos».

Scott Peck nos conduce hacia una cuestión clave: «La vida es una serie de problemas. ¿Hemos de lamentarnos o hemos de resolverlos?». Este es el verdadero quid de la cuestión. Como vimos en el capítulo inicial de este libro, independientemente de que estén pasando por etapas favorables o desfavorables, las personas con MBS no se conforman con el rol de espectadoras de su vida. Los buenos momentos los celebran y disfrutan, y de los malos aprenden e intentan resolverlos de la mejor manera posible. Así, todo es ganancia.

De hecho, Scott Peck señala que «nuestros momentos de más lucidez suelen tener lugar cuando nos sentimos profundamente incómodos, infelices o insatisfechos. Pues es en estos momentos, empujados por la insatisfacción, cuando salimos del camino trillado y empezamos a explorar respuestas más certeras». Por eso, la vida nos empuja a menudo a salir de la inercia, brindándonos la oportunidad de explorar lo que nos parecía hasta ese momento imposible o inimaginable. Como decía el gran Forrest Gump, citando a su madre: «La vida es como una caja de bombones, nunca sabes lo que te va a tocar». ¡Y qué bonito es el juego de la vida cuando lo vivimos desde esa perspectiva!

¿Sobrevivir o supervivir?

Los desafíos te ayudan a tomar conciencia, a abrir los ojos, a lo que yo llamo *supervivir*, en lugar de sobrevivir.

Superviven quienes cultivan la esperanza activa, crecen, inventan, reflexionan y se entusiasman con cada pequeño triunfo. Confían en el prójimo para lograr sinergias que beneficien a todas las partes. Son oportunos y con los limones hacen una deliciosa limonada.

La resistencia a cambiar equivale, por lo tanto, a resistirse a vivir. ¿Cómo puedes entonces superar esta resistencia? A partir de mi experiencia propia y de la observada en tantas personas a las que acompaño, te comparto algunas claves fundamentales que te aseguro que, si las aplicas, integrarás con enorme fuerza tu Mentalidad Buena Suerte. Vamos a por ellas:

- **Autorreflexión y autoconciencia.** Pregúntate con sinceridad cuáles son tus deseos y necesidades y, sobre todo, atrévete a cambiar lo que ya no funciona o no te sirve.
- **Rompe las creencias limitantes.** Descarta todas aquellas ideas preconcebidas que te frenan y sustitúyelas por otras de signo contrario, como muestro en el ejercicio final de este capítulo.
- **Mírate con aprecio y evita la autocrítica inútil, poco fundada o debilitante.** Si te desprecias, te despreciarán. Si cultivas el valor en ti

a través de la formación, la reflexión y la acción que te mejora constantemente, te amarás y te amarán, te valorarás y te valorarán, te respetarás y te respetarán.

* **Ponte a prueba, incluso aunque tengas miedo.** Saldrás con fortaleza de la experiencia. El miedo a perder te hace perder. El coraje de ganar te fortalece y, aunque no logres exactamente lo que deseas, crecerás en el camino de ir a por ello. No olvides que no es tan importante que logres los objetivos que deseas; es mucho más importante lo que desarrollarás por el camino cuando vayas en busca de esos objetivos que deseas lograr.
* **Busca el apoyo nutritivo de tu entorno.** Elige rodearte de buena gente, noble, honesta, ética, trabajadora, responsable, pulcra, amable, creativa y con valores, y aléjate de los envidiosos, holgazanes, agoreros, de los pesimistas, cínicos y de aquellos que no se atreven y quieren contagiarte su incapacidad. Recuerda que acabarás siendo el promedio de la gente con la que pases más tiempo. La calidad de tus relaciones acaba moldeando la calidad de tu alma. Todo se contagia, lo malo y lo bueno. Elige buenos contagios entonces.
* **Planifica el cambio de forma realista.** Imagina y construye sin fantasear de forma gratuita. Ponte en primer lugar objetivos fáciles de lograr, pequeños y asumibles. Una vez que los logres, progresi-

vamente irás ganando seguridad y te atreverás a crear nuevas circunstancias para anhelos cada vez mayores. Y no olvides nunca que despacito se llega muy lejos. Como dice el sabio dicho italiano: *piano, piano, si va lontano* (despacio, despacio, se llega lejos).

Independientemente de los acontecimientos externos, no hay nada que te haga más fuerte que desarrollar un diálogo interior positivo, un discurso mental orientado a detectar y aprovechar las oportunidades.

Más adelante voy a ir profundizando en herramientas para desarrollar ese cambio en el discurso de tu pensamiento, de lo que te dices. Porque cambiando lo que sucede dentro de ti, cambiarás la realidad que está fuera de ti.

EJERCICIO PRÁCTICO:

¿Qué te cuentas?

1. Presta atención a lo que te dices. Cada vez que te descubras hablando mal de ti...
2. Pregúntate de dónde viene esta creencia. ¿Era una frase que repetían papá, mamá, una hermana o hermano, un profesor, la abuela o el abuelo, los tíos?, ¿de dónde sale esa voz que incorporaste, pero que quizá no es tuya?
3. ¿Esa idea que te hace daño, ese pensamiento doloroso, es un prejuicio o una idea preconcebida?
4. Si no estás 100 % seguro de que es cierta, descártala de inmediato. Date cuenta de que es como un ataque de tos o un estornudo que te viene, pero que no eres tú. Recuerda, tal y como dice la sabia Byron Katie: «No creas todo lo que piensas». Tú no eres tus pensamientos, tú eres la conciencia que se da cuenta de los pensamientos. Tú no eres las ideas que van y vienen y a veces te torturan y hacen daño, tú eres quien se da cuenta de esas ideas que pasan por delante de tu mente como nubes en el cielo. En consecuencia, sitúate en ese «darte cuenta», en esa presencia y elige crear pensamientos que te eleven y deja pasar los que te dañan. Porque ellos (los malos pensamientos) no son tú.

5. Elige ideas y pensamientos de signo positivo, creativo, constructivo cada mañana al despertarte y cada noche antes de acostarte. Escríbelos en una libreta en tu mesita de noche y repítelos como un mantra hasta que sientas que resuenan no solo en tu mente, sino también en tu corazón. (Por ejemplo: ~~Todo me sale mal~~ → Hago todo lo posible para que las cosas me salgan bien, y cada día aprendo a mejorar y a que todo me vaya mejor, mejor y mejor, porque de todo aprendo y con todo me fortalezco.)

6. LA RESIGNACIÓN ES UN SUICIDIO COTIDIANO

El título de este capítulo es una frase escrita por el francés Honoré de Balzac, y sigue vigente después de dos siglos. Este maestro de la novela social y realista era un agudo observador de las relaciones humanas, ya que conoció en propias carnes la dificultad y el desafío de crear su propio destino.

Tuvo que luchar contra la oposición de su familia, que deseaba que fuera abogado, y en sus inicios vivió muy pobremente, aceptando cualquier encargo de escritura mientras trataba de mostrarse al mundo. Su propósito, ante todo, era no renunciar a su sueño de convertirse en novelista, ya que sus padres no veían futuro en esta profesión y querían que fuera notario.

No es de extrañar que considerara la resignación una forma de morir, a partir del momento en que uno decide rendirse.

Una muerte en vida

Resignarse no significa aceptar y digerir «lo que hay», sino bajar los brazos y renunciar a escribir el guion de vida que eliges. *Resignarse no resuelve ni la inquietud ni el malestar. Más bien, los acrecienta.*

Muchas personas aceptan la resignación, ya que a veces es una especie de *paz barata*, un camino aparentemente fácil y sin fricciones que se toma para no afrontar el cambio. Es el caso de parejas que se conforman con coexistir cuando ya no tienen nada que decirse, así como quien se aferra a un empleo que provoca tedio e infelicidad, por miedo a buscar nuevas oportunidades de desarrollo profesional.

Martha Medeiros, en su poema titulado «Muere lentamente», advertía así sobre el peligro de resignarse sin luchar por una vida mejor:

> Muere lentamente quien se transforma en esclavo del hábito, repitiendo todos los días los mismos trayectos, quien no cambia de marca, no se arriesga a vestir un color nuevo y no le habla a quien no conoce.

El poema habla también de la televisión como anestesia, de la evitación de las pasiones y de los sentimientos, de las personas que no arriesgan «lo cierto por lo incierto para ir detrás de un sueño». Retomando:

> Muere lentamente quien destruye su amor propio, quien no se deja ayudar. Muere lentamente quien pasa los días quejándose de su mala suerte o de la lluvia incesante.

También mueren en vida quienes abandonan los proyectos antes de iniciarlos —es decir, los procrastinadores—, quienes no preguntan lo que desconocen. Medeiros concluye así su brillante aviso para navegantes del propio destino:

> Evitemos la muerte en suaves cuotas, recordando siempre que estar vivo exige un esfuerzo mucho mayor que el simple hecho de respirar.

Resignarse es rendirse, pero no hay que confundir la resignación con la aceptación, porque no son lo mismo. Mientras que la resignación está en el niño interior que tiene miedo, la aceptación está en el adulto interior que quiere ver claro. Desde la resignación, huyes, pero desde la aceptación, creces. Resignarse es encogerse y retirarse. Aceptar es querer ver claro, mirar cara a cara a la vida y desde el amor a la verdad y a la honestidad, querer ver claro para poder pisar firme. Resignarse es caer. Aceptar es avanzar.

Imaginación, deseo y acción

Aunque sea más fácil apoltronarnos y dejar que cualquier distracción nuble la reflexión necesaria para acometer lo difícil, esta es la puerta que nos permitirá pasar a otra etapa en nuestra vida.

Si perdemos la oportunidad de cambiar, permaneciendo en el inmovilismo y la inercia del piloto automático, nunca sabremos lo que habríamos podido ser, lo que podríamos haber logrado.

Para saberlo, la única vía es la acción.

El poeta Rabindranath Tagore, primer premio Nobel de la India, nos regala una preciosa imagen para entenderlo: «No puedes atravesar el mar simplemente mirando el agua». Por su parte, el orientalista Alan Watts decía que «la palabra agua no moja». Es decir, hay que tirarse a la piscina.

¿Te tiras a la piscina?, ¿sí o no?

De hecho, las personas somos esencialmente dinámicas. Cuando permitimos que el miedo alimente el inmovilismo vamos contra natura. ¿Dónde estaríamos hoy si las utopías del pasado no se hubieran hecho realidad trabajando con tesón y visualizando su realización?

No existirían el sufragio universal, la igualdad de derechos para las mujeres o las mejoras laborales que nos han permitido librarnos de realidades atroces para muchos seres humanos a lo largo de la historia. Y lo que queda aún por hacer...

Sí, aunque haya aún mucho recorrido por delante, si estos logros pudieron alcanzarse, fue porque lo inimaginable cobró vida gracias a la combinación de *imaginación*, *deseo* y *acción*, tres atributos de la Mentalidad Buena Suerte.

La acción, sin embargo, debe ir acompañada por la reflexión y por una actitud sana, sin precipitación, aceptando el peaje del dolor o la incomodidad para el cambio que deseas conquistar.

Recuerda: no puede haber sabiduría sin reflexión; no puede haber reflexión sin quietud, sin detenerse, sin pararse a pensar. Quizá por ello Pascal dijo una de las frases más lúcidas que he leído en mi vida: «Todas las desgracias del ser humano se derivan del hecho de no ser capaz de estar tranquilamente sentado y solo en una habitación».

Por ello deseo terminar este capítulo invitándote a que, de vez en cuando, te detengas, reflexiones, desarrolles tu propia sabiduría vital en esa soledad tan fértil de sentarse en una habitación, en la arena de la playa o en el prado del monte. Gracias a ese acto de detenerte y reflexionar, llegarás a la lucidez y a la sabiduría que te permitirá vivir con aceptación y sin resignación.

Tu sabiduría no depende de tu cociente intelectual, depende esencialmente de tu honestidad hacia tu propia alma, tu propio ser. De tu voluntad de mirar para querer ver claro, sin filtros, sin trampas, sin excusas.

Observa que las personas sabias que ha dado la historia a veces han sido incluso analfabetas, pero observaban, reflexionaban y analizaban su vida y el entorno desde la voluntad de identificar la verdad.

Por eso no puedes transformar tu vida si te enredas haciéndote trampas mientras juegas al solitario. Y hay muchas personas que trampean para ganar falsas victorias. Es muy cierto: *la verdad te hace libre*.

EJERCICIO PRÁCTICO:

La vida después del cambio

1. ¿Hay alguna iniciativa o decisión importante que estés aplazando por miedo al cambio?

2. En caso afirmativo, proyecta cómo será tu vida a medio o largo plazo si te resignas o te mantienes inmóvil.

3. Visualiza ahora que, después de reflexionar y analizar con honestidad esa situación que deseas cambiar, decides tirar adelante. ¿Cómo será tu día a día tras esa decisión vital? ¿En qué habrá mejorado? ¿Qué habrás ganado tras completar el cambio?

4. Escoge entre ambos futuros. Resignación, miedo y huida frente a reflexión, aceptación y acción.

5. Si optas por el cambio, elabora un plan de acción concreto, con fecha y hora de inicio, y con fecha de culminación. Lo que no se pone en el calendario, acaba no ejecutándose.

7. LA CLAVE PARA UNA VIDA LOGRADA: LA LONGANIMIDAD

Cuando hablamos de *transformación*, extraemos de la palabra un sentido de continuidad, un proceso. De igual modo, vemos la *perseverancia* como un intento constante. Sin embargo, el término *longanimidad*, que tanto bien puede reportarnos, es un hueco en nuestro diccionario: es un concepto que apenas se conoce.

Según el diccionario de la Real Academia, la longanimidad es «la grandeza y constancia de ánimo en las adversidades». También es «benignidad, clemencia y generosidad». Este concepto choca con la actual cultura de la inmediatez, en la que todo se quiere lograr rápidamente y sin esfuerzo, en beneficio de la persona individual y no de la comunidad.

Vamos a rescatar este valor fundamental para ti, creadora y creador de Buena Suerte y, por lo tanto, para lograr tu Mentalidad Buena Suerte.

Resiliencia continuada

La longanimidad supone resiliencia mantenida en el tiempo, ya que implica fortaleza, humildad, determinación y aprendizaje constante.

Recuerda que la resiliencia es la capacidad que tienen las personas para amoldarse a las situaciones adversas y salir de ellas habiendo obtenido resultados positivos. Quien es resiliente cae y se levanta habiendo aprendido a caer para una próxima ocasión. Quien tiene longanimidad, es decir, quien es longánime, mantiene y ejerce ese aprendizaje a lo largo del tiempo, permanentemente. Por eso, a las personas que amo y en las que reconozco longanimidad me gusta decirles lo siguiente: *Aprendió tanto de sus errores que cuando tropezaba, en lugar de caer, volaba.*

Esta frase se me ocurrió en cierta ocasión en la que me entrenaba en una clase de aikido. Y es que durante algunos años de mi vida practiqué este arte marcial. Me acuerdo que, durante los dos primeros años de entrenamiento, el maestro nos enseñaba prácticamente en cada sesión a aprender a caer y a volver a levantarnos sin dolor y con rapidez. Algunas personas dejaban el entreno ya que consideraban aburrido ese ejercicio de tirarnos al suelo y volvernos a levantar sesión tras sesión. La práctica consistía en caer hacia delante, hacia atrás, de lado, dando una voltereta... y una vez en el suelo, debíamos volver a ponernos en pie y en sólido equilibrio lo antes posible. Sin duda, esa fue una práctica que me enseñó muchas cosas sobre la vida, ya que el ejercicio de caer físicamente y volver a levantarse lo podemos aplicar en muchos otros escenarios de nuestra existencia: rupturas amorosas, desengaños con amigos, familiares o socios, dificultades profesionales, engaños y estafas, golpes vitales de todo tipo, en definitiva, cualquier palo que nos tumbe temporalmente.

Por todo ello, si analizas la etimología de la palabra *longanimidad*, descubrirás que es preciosa y que procede del latín (*longus*, 'largo' + *animus*, 'alma'); es la capacidad de soportar con ánimo permanente los desafíos que nos presenta la vida. Quien es longánime, en lugar de buscar atajos para lograr un beneficio rápido y a toda costa —llamado vulgarmente «cultura del pelotazo»—, pone su mirada en el esfuerzo, en la valentía de mantenerse en el camino sin dejarse desalentar por las trabas de la vida. Además, el diccionario también la define como «benignidad, clemencia y generosidad».

Es decir, las personas que son un ejemplo de esta extraordinaria fuerza interior son, además, buenas personas, empáticas y compasivas a la vez que entregadas a los demás. Porque solo quien tiene un gran corazón tiene la fuerza interior para avanzar en las adversidades con tesón y determinación. ¡Imagínate qué importante y bonito es el concepto de la longanimidad para aprender a vivir con dignidad y poder interior!

En un reciente documental sobre David Bowie, *Moonage Daydream*, que es, además, un excelente estudio acerca de la creatividad, el artista afirmaba que «a veces, lo más heroico que puedes hacer es llegar al final del día habiendo realizado algo de provecho».

La longanimidad, por lo tanto, implica por un lado, tener una mirada a largo plazo, sabiendo que la vida nos espera con múltiples desafíos que podemos convertir en oportunidades de crecimiento propio y ajeno, y, por otro, evitar la pereza y la pusilanimidad —que sería el valor contrario, ya que ser pusilánime implica poco ánimo y falta de valor para emprender acciones, enfrentarse a peligros o dificultades o soportar desgracias— en el día a día.

Volviendo a la primera definición: la longanimidad es la *grandeza y constancia de ánimo en la adversidad.*

Hay un ejemplo del mundo animal que me gusta poner para ilustrar el valor de la resiliencia continuada: el gusano de seda. Este elabora trabajosamente un capullo del que luego se liberará para poder renacer como mariposa al culminar su metamorfosis.

Como en el mito del ave fénix, a veces hay que dejar morir lo que somos para dar nacimiento a lo que podemos devenir. En palabras de la escritora George Eliot: «Nunca es tarde para ser lo que deberías haber sido».

Al gusano de seda este cambio le supone un gran esfuerzo, ya que la crisálida tiene que romper con sus débiles alas la cáscara natural que ha sido su mundo protector. Tendrá que superar esa prueba si quiere liberarse y levantar el vuelo.

En *Demian*, la excelente novela iniciática de Hermann Hesse, se nos presenta esta misma metáfora:

El pájaro rompe el cascarón.
El huevo es el Mundo.
Quien quiera nacer tendrá que romper un mundo.

Si, llegado el momento de romper el cascarón, no lo hacemos, perderemos la oportunidad de transformarnos y elevarnos. Si lo hacemos antes de tiempo, cediendo a la precipitación, también se malogrará la ocasión.

Concluyendo con la aventura del gusano de seda, en un experimento de laboratorio se ayudó a la crisálida a salir del capullo antes de hora. ¿Y qué sucedió? Pues que la mariposa no pudo volar. Porque es ese sobreesfuerzo el que permite a las mariposas fortalecer sus alas para que puedan volar. Y, sin volar, no pueden nutrirse, mueren y obviamente no se reproducen, así que la especie se extinguiría.

De todo esto aprendemos tres importantes lecciones para tu Mentalidad Buena Suerte:

1. *El esfuerzo sostenido en el tiempo es la clave del éxito.* Precisamente sobre esta idea voy a dedicar todo el capítulo 14 de este libro.
2. *Sin esfuerzo y valentía solo podemos aspirar a una muerte aparentemente confortable, en paz barata.* Recuerda la frase de muchas personas que asumían que estaba cerca el final de su vida: «Ojalá me hubiera arriesgado más».

3. *Hacer las cosas en el momento justo es esencial en la transformación personal y en cualquier proyecto.* Recuerda que oportunidad tiene que ver con ser oportuno.

Un héroe por amor

Las personas longánimes tienen el alma grande y flexible, es decir, se entregan con todas sus fuerzas a su propósito, adaptándose a cada situación. Y la bondad, la compasión y la generosidad son las claves para esa alquimia existencial que transforma el sufrimiento en superación. La acción virtuosa ha de ser buena para ti como lo ha de ser para los demás.

Justamente retomo ahora y profundizo en la segunda definición de longanimidad: *benignidad, clemencia y generosidad.*

Cuando hablamos de esfuerzo sostenido en el tiempo, no podemos excluir el amor, que se traduce en cuidado, comprensión, entrega e inspiración.

Hay una historia personal que conocí hace años, que me inspiró y ayudó tanto en un momento de grave enfermedad de una de mis hijas que deseo compartir a menudo y de nuevo la expongo aquí por su extraordinario valor humano y de superación y por ser un ejemplo brillante de resiliencia y de longanimidad.

Su protagonista es Dick Hoyt, un exmilitar estadounidense cuya vida cambió radicalmente en 1962 con la llegada al mundo de su hijo Rick, que nació con parálisis cerebral. Debido a la parálisis, no podía ni puede hablar ni caminar, ni siquiera mover las manos y los brazos para expresarse.

A la edad de doce años, Rick empezó a comunicarse a través de un programa informático que traducía sus movimientos de cabeza en palabras y finalmente en frases. Las primeras palabras que dijo por este medio fueron «¡Vamos, Bruins!», para animar a su equipo local de *hockey* de la ciudad de Boston, en los Estados Unidos. Su padre, fan de los Boston Bruins, le llevaba a menudo al estadio en su silla de ruedas, y Rick se aficionó mucho al equipo.

Esto hizo pensar a sus padres que el chico se interesaba por el deporte, así que decidieron desoír la opinión de los médicos de que Rick estaba condenado a vivir como un vegetal.

Y aquí empezó la aventura.

Dick Hoyt decidió hacer equipo con su hijo para entrenar juntos y participar en las maratones y triatlones más duros de su país. Para ello llevaría a Rick en un carrito como si fuera un bebé.

El «Equipo Hoyt» se hizo famoso desde que Dick y Rick participaron en su primera carrera en 1977. El público y los participantes se asombraban ante aquel padre que arrastraba a un hijo de casi sesenta kilos en un bote mientras nadaba, cargaba con él en una silla acoplada a la bicicleta y finalmente impulsaba su silla de ruedas en las pruebas de maratón.

Juntos participaron en más de mil competiciones, que incluyeron unos 250 triatlones, con seis pruebas *ironman*. Es decir: 44 kilómetros de maratón + 180 kilómetros de bicicleta + 4 kilómetros nadando. Todo ello sin parar, con el peso de un hijo que iba creciendo sumado al de sus dispositivos, y obteniendo además unos registros más que notables, causando profunda admiración tanto entre el resto de los participantes como entre los espectadores de las competiciones.

¿Cómo lograba Dick Hoyt completar con Rick estas pruebas sobrehumanas?

La única explicación posible es que le impulsaba la fuerza del amor.

Dick quería transmitir a su hijo que no hay nada imposible, y el mensaje no cayó en saco roto. Debido al ejemplo de longanimidad de su padre, Rick llegó a terminar el bachillerato e incluso se licenció en Educación Especial en la Universidad de Boston. Consiguió un trabajo en el Boston College y logró llevar una vida autónoma en su propio apartamento.

Además, la ciudad de Boston decidió reconocer públicamente el ejemplo dado por padre e hijo y levantó una magnífica escultura de bronce en su honor.

Este ejemplo extremo de sobreesfuerzo nos muestra que hay límites que se encuentran más allá de la imaginación. Como decía Platón, *no hay hombre, por cobarde que sea, que no pueda convertirse en un héroe por amor.*

Un alma *longa*

Sin marcarse proezas como esta, desde la longanimidad que impulsa nuestra alma al esfuerzo y la generosidad surge la pregunta:

¿Qué puedo hacer, por pequeño que sea, para que mi vida y la de los demás sea más bella aquí y ahora?

La respuesta alimentará todos tus recursos como persona, te hará más capaz y resiliente, también te permitirá extraer más aprendizajes de tus errores o caídas y de las de los demás. Y, gracias a esa comprensión y lucidez, tu alma va a crecer y a fortalecerse, hasta romper tu ego para renacer como una «gran alma».

Además de aportarte resiliencia sostenida en el tiempo, la longanimidad te permitirá obrar la alquimia en las dificultades, convirtiendo cada aparente «fracaso» en una lección vital.

Recuerda las célebres palabras de Michael Jordan, que ha vuelto a estar en el candelero tras la serie *The Last Dance*: «He fallado más de nueve mil tiros en mi carrera. He perdido trescientos partidos. He tenido la responsabilidad de lanzar el tiro que decidía si ganar o perder... y fallé. He fallado una y otra vez en mi vida y eso ha cimentado mi éxito».

¿Qué has aprendido de los errores de tu vida?

¿Qué puedes aprender de ellos hoy, ahora?

¿De qué manera te han ayudado a crecer y a ser mejor?

Para cimentar tu Mentalidad Buena Suerte, ¿estás decidido a incorporar y practicar en ti a partir de ahora la virtud de la longanimidad?

EJERCICIO PRÁCTICO:

Fortalece tus alas

1. Piensa en una capacidad, hábito o actitud que ahora no tienes y te permitiría levantar el vuelo en tu vida.
2. Empieza a ejercitarlo sin más demora.
3. Cuando te impacientes porque los resultados aún no se ven, visualiza que estás dentro de un capullo de seda, cual mariposa atrapada y en metamorfosis, trabajando de forma longánime para romperlo cuando estés preparado.
4. Motívate pensando en cómo será tu vida cuando puedas salir de él y extender tus alas y volar hacia un nuevo destino vital.

8. ESTO TAMBIÉN PASARÁ

La vida es un latido. Es una suma de momentos, pero, sobre todo, «es lo que hacemos de ella», como reza un aforismo tibetano.

Hay momentos que no comprendemos, que nos duelen o nos parecen incluso carentes de sentido. En trances así, la existencia puede parecernos agotadora. En otros, en cambio, la gozamos y nos *merece la pena*. Atención al sentido literal de la frase: *la alegría bien merece el esfuerzo y la dificultad*.

El simple hecho de estar aquí es un regalo extraordinario, ¿no te parece? No obstante, tanto si nos complacen como si no, las cosas que vivimos traen golpes y sorpresas, unos instantes de gozo y otros de lucha.

En el ancestral oráculo de la sabiduría china, *I Ching*, también llamado oportunamente *El Libro de las Mutaciones*, encontramos este pasaje:

> El cambio es seguro. A la calma le siguen las dificultades; a la partida de los hombres malvados le sigue su retorno. Estas recurrencias no deben ser motivo de tristeza, sino que deben ser oportunidades para tomar conciencia, de modo que la persona sea feliz en el intervalo.

Este es un importante aprendizaje que necesitamos integrar en este capítulo: *nada de lo que nos ocupa o nos preocupa será eterno*. Ni lo bueno ni lo malo dura para siempre. Todo pasa, lo agradable y lo desagradable. Todo es un latido, un vaivén.

Sabiendo esto, las personas con MBS no se desesperan porque son conscientes de la temporalidad de todo.

El anillo del rey

En nuestro libro *Cuentos para quererte mejor*, escrito con mi muy querido amigo Francesc Miralles, incluimos una adaptación de la parábola *El anillo del rey* para reflexionar sobre valores como la paciencia, la humildad, la alegría y la aceptación, ingredientes necesarios para una mente equilibrada y ecuánime capaz de atraer la Buena Suerte.

Me gusta tanto este breve cuento tradicional de sabiduría que deseo compartirlo aquí y ahora contigo:

> En una ocasión un monarca convocó a su consejo de sabios y les pidió lo siguiente:
>
> —He encargado al mejor joyero de la corte un precioso anillo. Debajo de la piedra alojaré una frase inspiradora que me sirva de consuelo en momentos de desesperación y angustia. Debe ser un mensaje que me aporte luz cuando me sienta perdido, que me permita ser más justo, compasivo y capaz. ¿Quién me puede procurar un mensaje así?

Estimulados por el reto, las mentes más brillantes del reino dedicaron días y noches enteros a formular ideas de gran calado intelectual. Pero ninguna de ellas logró satisfacer al rey.

Todas las propuestas fueron rechazadas hasta que, una mañana, un humilde anciano llegado de muy lejos pidió ver al monarca. A pesar de sus ropas harapientas, ante la avanzada edad y la larga distancia recorrida por el peregrino, el rey decidió recibirle.

—Majestad, si mis oídos no lo han entendido mal, me ha llegado la noticia de que busca para su anillo una inspiración para momentos difíciles.

—Así es… —contestó el rey—. ¿Tienes alguna propuesta en ese sentido?

—Por supuesto que sí. La he escrito en este papel, pero su majestad no debería ver la frase hasta que se encuentre en un verdadero apuro.

Pese a estar intrigado por lo que decía aquel papel cuidadosamente doblado, a falta de otras ideas el rey decidió entregar el mensaje al joyero para que lo ocultara bajo la piedra. Mientras no la necesitara, pidió al anciano que se quedara a vivir en la corte.

Un tiempo después, el reino fue asaltado por fuerzas enemigas y el rey tuvo que huir al bosque, mientras trataba de reorganizar su ejército. Tras la agotadora cabalgada, decidió que era el momento de mirar el mensaje en el anillo. Liberó con cuidado la piedra y desplegó el mensaje que allí dormía para leer: «Esto también pasará».

Tras el desconcierto inicial, el monarca se vio embargado por una sensación reparadora de calma y optimismo.

—Esto también pasará —repitió a sus lugartenientes, respirando con alivio.

Y así fue. La calma recuperada les permitió reagruparse y sorprender al enemigo por la retaguardia, obligando a las tropas forasteras a batirse en retirada.

Pletórico con aquel éxito, el mandatario entró en la corte entre vítores y exigió de inmediato ver al anciano para premiarlo. Este se limitó a esbozar una tímida sonrisa y dijo:

—Esto también pasará. Lo único que permanece es el cambio.

Las cuatro enseñanzas

El mensaje que puedes extraer de este cuento es que la apertura mental y la humildad para aceptar otros puntos de vista pueden salvar tu vida. También que es bueno estar abierto a los cambios que, inevitables y de signo favorable o desfavorable, van a ir surgiendo inevitablemente a lo largo de tus días.

Además, si no pasamos por el túnel, no sabremos si hay luz al final de este. No es un cuento, es una verdad.

Voy a resumir lo aprendido en este capítulo en cuatro enseñanzas esenciales que, personalmente, me han sido muy útiles a lo largo de mi vida. Para realizar la alquimia que lleva de la oscuridad a la luz —y a la lucidez—, de la ignorancia a la sabiduría, es necesario:

1. *Paciencia* para aprender de todo lo vivido, permanentemente.
2. *Humildad* para soltar, reinventarte y transformarte. Dejar ir lo viejo para dejar venir lo nuevo.
3. *Alegría y curiosidad* hacia lo nuevo. Apertura de los brazos del alma para acoger lo inesperado y saberlo aprovechar.
4. *Aprender a vivir en la incertidumbre consciente* (es decir, querer vivir con los ojos abiertos y bien despiertos a un futuro que es siempre inimaginable) en lugar de querer vivir en la *certidumbre inconsciente* (es decir, desear una vida llena de garantías que nos den los demás, lo cual es un síntoma de profunda inmadurez).

EJERCICIO PRÁCTICO:

Crea tu propio mantra protector

1. Al igual que en el cuento del rey, piensa en un consejo o inspiración que es o ha sido especialmente valioso en momentos difíciles de tu vida. Por ejemplo, un amigo me reveló que le sirve mucho el lema «En la vida hay cosas que no salen a la primera». En mi caso me resulta muy inspirador el mantra «Vive y deja vivir» y también «Lo que niegas, te somete. Lo que aceptas, te transforma», célebre aforismo de Carl Gustav Jung.
2. Decide que este será, en adelante, tu mantra protector.
3. Tenlo siempre a mano. Puedes guardar el papelito, por ejemplo, en tu cartera, o incluso tenerlo como fondo de pantalla de tu móvil.
4. Comparte tu mantra con las personas que consideres que lo necesitan y que sientes que puede hacerles bien.

9. LA PREGUNTA MÁS IMPORTANTE: ¿QUÉ ES LO QUE TENGO QUE ACEPTAR?

Tal y como expone mi admirado André Comte-Sponville, *vivir según pensamos es filosofar*. Por eso, cuanto más conscientes somos de lo que nos rodea, mejor podemos vivir.

En el capítulo 6 vimos que resignarse no equivale a aceptar, sino que supone dar un paso atrás, al no enfrentarnos a lo que nos inquieta o preocupa.

Para salir de la parálisis y el estancamiento, retomemos la pregunta: *¿Qué debo, entonces, aceptar de mí mismo, de los demás y de la vida?*

Y la respuesta es bien simple: aceptar la realidad con la mayor consciencia que nos sea posible. Porque mientras la rehuyamos o neguemos, no habrá liberación ni evolución personal. Seguiremos viviendo en la negación, el drama y los círculos viciosos.

Por esa razón, a menudo la queja constante y sin acción de mejora puede convertirse en un refugio permanente de victimización. Mirar la realidad a los ojos, ser capaces de asumir los propios errores y de aceptar los desafíos de la vida y actuar con determinación, nos hace salir de nuestra cueva y así poder crear nuevas respuestas y soluciones nunca vividas. Eso es evolucionar.

Este es otro principio de tu Mentalidad Buena Suerte: *solo si aceptas lo que es, lograrás construir lo que puede ser.*

Cómo aterrizar en la realidad

Una vez que te decides a trabajar con *lo que es*, hay diversos caminos para promover un encuentro profundo con la realidad que necesitas afrontar:

1. *Limpiar tu mirada* de prejuicios, creencias —sobre todo, las que sabes y sientes que te limitan— e ideas preconcebidas. Solo así lograrás adoptar una visión objetiva y podrás trabajar creativamente a partir de ella.
2. *Formarte y actualizar tus conocimientos* para disponer de más herramientas que te permitan analizar con mayor calidad y profundidad las distintas situaciones y a ti en ellas. El aprendizaje constante a través de la lectura, el diálogo, la escritura, la escucha o visión de contenidos de calidad, o el desarrollo de nuevas habilidades a través de la experiencia amplían constantemente las herramientas con las que cuentas para mejorar tu vida (aprovecha todas las lecciones extra *online* gratuitas que encontrarás al final de cada capítulo con el código QR).
3. *Comprender tus hábitos* y los cambios que es bueno que lleves a cabo para progresar partiendo de donde estás. Hay que saber de dónde vienes y dónde estás antes de poner rumbo hacia donde deseas ir.

Cuando una persona aterriza en su realidad con los ojos bien abiertos, como una nave que reconoce el terreno, adquiere una extraordinaria capacidad de modelarla. Así, esa toma de conciencia puede provocar un cambio de vida en cualquier nivel.

Desde la aceptación, te das cuenta de que quizá el trabajo que vienes haciendo hace tiempo ha dejado de tener sentido para ti, o tal vez asumas que es bueno poner fin a una relación que te está haciendo daño. Una vez que sabes dónde estás, puedes darte permiso para innovar, para arriesgarte, aceptando a la vez que este proceso de aprendizaje tiene un precio, un peaje emocional.

Por ejemplo, la realidad pondrá de manifiesto rasgos que quizá no querías ver de una persona, porque funcionabas desde la negación y el autoengaño. Y es que *la idealización es enemiga acérrima de la aceptación.*

Más efectiva que una actitud positiva

La aceptación desata la proactividad. Ciertamente, mirar la vida con ojos positivos es un recurso bienvenido, pero no lo es todo. De hecho, la aceptación puede llegar a ser una herramienta mucho más poderosa que mantener una actitud positiva.

Se puede ser positivo sin mover un dedo. Pero necesitas algo más. Si tu intención es conectar con el principio de realidad, lo primordial es buscar la verdad, por muy dura que parezca.

Jesús de Nazaret nos legó la idea de que *la verdad nos hace libres*, justamente porque nos muestra la realidad y la posibilidad de transformarla. Desde ahí, crecemos y desarrollamos la mirada lúcida y valiente de la aceptación para responsabilizarnos de lo que tenemos que invertir en el cambio.

Se requiere coraje para la aceptación, hay que pasar por encima del miedo y afrontar con humildad y confianza las lecciones vitales que recibes en todas las dimensiones, desde la profesional hasta la de los afectos. Al comprometerte con la aceptación dejas de resistirte y se produce la ansiada transformación que te lleva a la *realización personal.*

Puedes fingir con ingenuidad que la dificultad no existe, pero más pronto que tarde acabará por encontrarte. Por este motivo, *la aceptación activa combate la frustración de la resignación pasiva*.

Viktor Frankl constituye un magnífico ejemplo de aceptación y superación. Creador de la logoterapia (la terapia centrada en ayudar a encontrar un sentido vital a sus pacientes) y autor de uno de mis libros de cabecera, *El hombre en busca de sentido*, eligió buscar las razones para vivir incluso en el contexto de un campo de concentración nazi y, tras perder a todos sus seres queridos, consagró su vida a aliviar el sufrimiento de los demás.

Uno de los textos del doctor Frankl que más me ha conmovido dice así:

Lo que de verdad necesitamos es un cambio radical en nuestra actitud hacia la vida. Tenemos que aprender por nosotros mismos y, después, enseñar a los desesperados que en realidad no importa que no esperemos nada de la vida, sino que la vida espera algo de nosotros. Tenemos que dejar de hacernos preguntas sobre el significado de la vida y, en vez de ello, pensar en nosotros como seres a quienes la vida les inquiriera continua e incesantemente. Nuestra contestación no tiene que estar hecha de palabras ni tampoco de meditación, sino de una conducta y una actuación rectas. En última instancia, vivir significa asumir la responsabilidad de encontrar la respuesta correcta a los problemas que ello plantea y cumplir las tareas que la vida asigna continuamente a cada individuo.

EJERCICIO PRÁCTICO:

Aceptar para cambiar

1. ¿Cuál es la realidad más dura o urgente que necesitas aceptar en este momento de tu vida?

2. Una vez reconocida esta realidad, en lugar de lamentarte, estudia cómo puedes cambiarla mirándola a la cara, de frente, con la voluntad de comprender con rigor y en toda su complejidad el desafío al que te enfrentas.

3. Para activarte, piensa en cómo estarás y de qué forma cambiará tu situación cuando hayas completado tu transformación. ¿Qué habrás aprendido? ¿Quién serás entonces? ¿Qué alas te darán todos los aprendizajes del proceso?

10. SI QUIERES QUE LOS DEMÁS CREAN EN TI, COMIENZA POR HACERLO TÚ

Me gustaría ahora reflexionar sobre una cuestión práctica a la par que vital. Una vez que acepto la realidad, *¿cómo puedo cambiarme a mí mismo?*

Si esperas una respuesta, te diré que el camino regresa a ti. De entrada, antes de lanzar la pelota sobre otro tejado, vamos a observar quién es esa parte de ti que formula la pregunta: si es *tu yo temeroso o tu yo audaz*.

En el primer caso, si se manifiesta la parte de ti que tiene pánico a cambiar —por las consecuencias del cambio, y que quizá por eso se siente incapaz—, la pregunta está cimentada en una resignación oculta. Por eso, podemos fingir que deseamos cambiar, cuando en realidad no nos atrevemos a pagar el precio, en forma de incomodidad y esfuerzo, sin tener una garantía de éxito.

Pero nos guste o no, eso no es posible. Todo tiene un precio y no hay garantías de éxito en esta vida.

En el segundo caso, si la pregunta emerge de nuestra parte audaz y valiente, *la mejor respuesta es la acción*. No hay palabras que puedan suplirla. Se trata de actuar, de hacer algo que marque un punto de inflexión en la evolución de nuestra narrativa interior, de nuestras creencias.

¿Qué necesitas hacer ahora?

Quienes accionan desde esta segunda postura se entretienen poco en especulaciones. Eso me hace recordar el mantra favorito de Shoma Morita. Para este médico y psicólogo japonés coetáneo de Viktor Frankl, con quien compartía el propósito como terapia, la pregunta que debemos formularnos una y otra vez es: *¿Qué necesito hacer ahora?*

Cuando respondes con la acción a tu deseo de transformación, empiezas a remar con brío en la incertidumbre consciente. Tu discurso deviene entonces algo así: *«No sé lo que me pasará, pero sé que quiero ir a por ello. Y, aunque no logre exactamente aquello que deseo, la vida me ofrecerá otros regalos inesperados en mi camino. Esos regalos serán de aprendizajes, experiencias, nuevas personas, nuevos escenarios, nuevos tesoros de orden espiritual que hoy no puedo concebir ni imaginar»*.

La lucidez de los «locos»

Si eres capaz de hacerte preguntas sinceras y valientes, tu vida tomará los derroteros de la transformación desde tu Mentalidad Buena Suerte.

Demasiadas veces, sin embargo, no nos permitimos cuestionarnos por miedo a que nuestra aparente estabilidad se venga abajo como un castillo de naipes. Preferimos quedarnos en la zona de confort, refugiados en la paz barata, en lugar de desafiar nuestra situación.

El miedo a perder siempre nos hace perdedores.

Cualquier transformación, innovación o proyecto que ha valido realmente la pena ha sido impulsado por locos que han vencido sus propios miedos, y también las opiniones de otros que afirmaban que nunca lo lograrían. Para lograr nuevos desafíos es necesario tener los pies en el suelo, pero la cabeza en las estrellas.

Recordemos al inventor Thomas Alva Edison, quien no empezó a hablar hasta los cuatro años y que, por un problema de audición, tuvo que dejar la escuela y ser educado por su madre, porque los profesores dictaminaron que no lograría aprender. Pero Edison era un apasionado de la mecánica y, en su propio garaje, jugando con objetos y probando hasta la saciedad, acabó creando más de mil inventos. Entre ellos, la bombilla, la batería eléctrica o el grabador y reproductor de sonido.

Otros que no cejaron en su empeño, incluso a costa de faltar a clase, fueron los hermanos Wilbur y Orville Wright, pioneros de la aviación. Aprendieron a experimentar con juguetes mecánicos y aerodinámicos, y consiguieron hacer volar uno de ellos en 1903, dando así inicio a la historia de la aviación moderna.

Benditos esos locos que no renunciaron a la conquista de la utopía.

¿Te dispones a luchar por la tuya?

EJERCICIO PRÁCTICO:

Una nueva solución

1. Te invito a que adquieras una libreta muy bonita, que te guste mucho. Será tu «Libreta de Soluciones». Consigue asimismo un lápiz, una pluma, un bolígrafo o un juego de colores que también te parezcan muy bonitos. Esto es importante porque te invitaré a ritualizar las mejoras de tu vida comenzando por escribir, cada noche o cada mañana —tú eliges el momento del día en que te vaya mejor— alguna circunstancia o problema que esté presente en tu vida y apuntar la en tu «Libreta de Soluciones».

2. Te propongo que cada día dediques unos 15 minutos a esta tarea. Una vez enunciado el problema, crisis o desafío, léelo varias veces y deja durante el día que surjan ideas y soluciones desde tu diálogo interior o con personas de mucha confianza. Estudia de qué manera puedes resolverlo o mejorarlo. Al día siguiente anota las soluciones posibles y atrévete a llevarlas a cabo. Deja que las posibles soluciones reposen 24 horas por escrito en tu «Libreta de Soluciones» y actúa en consecuencia.

3. De esta manera tendrás un registro escrito de tus procesos de evolución y mejora que te van a ser de enorme utilidad en el futuro. Por un lado, porque tomarás consciencia de la enorme capacidad que tienes para plantear soluciones. Por otro, porque verás

con el paso del tiempo la gran cantidad de desafíos que has ido superando, a la vez que aprendiendo y generando en ti sabiduría vital a la hora de enfrentarlos y resolverlos. Ello aumentará tu autoestima y tu seguridad personal.

4. Créeme, probablemente con el paso del tiempo tu «Libreta de Soluciones» se convertirá en tu libro más apreciado. ¡Y lo habrás escrito tú!

En las próximas diez lecciones verás la importancia de la acción, las habilidades y los hábitos que convierten tus valores en virtudes para crear tu Mentalidad Buena Suerte.

Porque lo que haces en cada instante crea tu destino.

SEGUNDA PARTE

Segunda hoja de tu trébol de la Buena Suerte

TUS HÁBITOS Y VALORES: LO QUE HACES AHORA SERÁ TU DESTINO

11. LOS PRINCIPIOS DE JEFFERSON

Thomas Jefferson fue el tercer presidente de los Estados Unidos de América. Sus detractores y opositores de la época, políticos más prácticos en el arte de gobernar, lo veían como un filósofo y escritor más que como un líder. No obstante, sus múltiples conocimientos y su erudición regalaron a la humanidad una aportación esencial a la Declaración de Independencia de los Estados Unidos de 1776.

El mandato de Jefferson abarcó años vitales para la formación de su país en los que se vivió la revolución, la guerra y el asentamiento de las bases legales de una nueva nación, con la mencionada declaración y la elaboración de una Constitución.

Al explorar los principios de Thomas Jefferson, comprobamos que, más allá de la política, son ideas de vida que pueden modelar el alma de cualquier persona. También hoy en día. Han traspasado las barreras de su tiempo y lugar para inspirar a las generaciones posteriores.

Decálogo para una vida plena

Jefferson apuesta por el sentido común —el menos común de los sentidos— y, con una lúcida simplicidad, aúna diez principios que te pueden facilitar la vida. Leerlos y aplicarlos te proporcionará una guía muy poderosa para crear Mentalidad Buena Suerte en tu vida:

1. **Nunca dejes para mañana lo que puedas hacer hoy.** Es lo que podemos denominar RESOLUCIÓN, en el extremo opuesto de la procrastinación. Ir posponiendo el inicio de lo que quieres hacer es una garantía de parálisis y frustración. «Por la calle del Mañana se llega a la plaza del Jamás», reza un dicho popular. De nada sirven las buenas intenciones si no hay una acción clara e inmediata. Mañana tiene un mañana. Y a su vez, pasado mañana tiene también su mañana. Y así sucesivamente. Si quieres mejorar tus circunstancias y solucionar problemas a la vez que aprovechar oportunidades, no postergues. Comienza ya.
2. **Nunca molestes a otro por lo que puedes hacer tú mismo.** Hablamos de autonomía y RESPONSABILIDAD. Escribió el filósofo Baruch Spinoza: «La actividad más importante que un ser humano puede lograr es aprender para entender, porque entender es ser libre». Tú tomas las riendas de tu vida cuando entiendes que no

puedes dejar a merced de otros tus acciones y decisiones.

3. **Nunca gastes el dinero antes de haberlo ganado.** Aquí subyace el valor de la PRUDENCIA a la hora de gestionar tus actos y sueños. Epicteto la tenía como «el más excelso de los bienes» de una persona. No vivir a crédito es otra forma de aplicar a tu día a día el principio de realidad que tratamos en el capítulo 9.
4. **Nunca compres lo que no quieres solo porque es barato.** Una excelente lección de SOBRIEDAD que puedes aplicarte con rigor. Llevar una vida más simple y frugal te salvará de las falsas necesidades y apegos. Muchas veces no tenemos cosas, sino que son las cosas las que nos tienen, nos esclavizan. El dicho popular reza que «lo barato sale caro», pues nos somete y no nos aporta felicidad, ya que al cabo de poco tiempo, el deseo vuelve a surgir y vamos llenando nuestra casa de objetos mientras vaciamos nuestras cuentas corrientes de dinero.
5. **El orgullo nos sale más caro que el hambre, la sed y el frío.** Jefferson te invita a cultivar la HUMILDAD: siempre hay algo o alguien de quien aprender, siempre es posible hacer las cosas mejor, cuestionarte el valor y el sentido de lo que haces en tu vida personal y profesional. Así es como puedes enfrentarte a nuevos retos, desa-

rrollar habilidades que mejoren tu vida y seguir aprendiendo. La humildad va de la mano de la consciencia, porque quien es humilde tiene los pies en el suelo, está enraizado en la tierra como los árboles y es profundamente fértil, como el humus del que procede el término, porque nos permite crecer desde dentro hacia fuera.

6. **Rara vez nos arrepentimos de haber comido excesivamente poco.** En este punto nos referimos a la MODERACIÓN, que es la clave de la salud y la longevidad. Muchos japoneses aplican la denominada «ley del 80 %», es decir, comen siempre un poco menos del apetito que tienen y, gracias a eso, tienen más energía y padecen menos enfermedades. Una mente que aprende a ponderar sabe organizar y organizarse, además de guardar lo que convenga para el momento justo.
7. **Nada de lo que hacemos de buena gana es molesto.** El entusiasmo que demostramos, nuestro TALANTE, es básico para sembrar la felicidad. Ese talante tiene mucho que ver con elegir tu mejor actitud ante cualquier circunstancia. Esa es tu última libertad, como decía el doctor Viktor Frankl. Talento (aptitud) y talante (actitud), dos tesoros que puedes desarrollar cada día en ti y son disparadores de la creatividad, la realización y la transformación.

8. **¿Cuánto sufrimiento nos causan las desgracias que nunca nos han sucedido? Una pregunta provocadora y a su vez lúcida.** Hay personas que se pasan la vida sufriendo por circunstancias que nunca pasarán. Viven en una neurosis de angustia anticipatoria constante, haciéndose daño y dañando con su sufrimiento y ansiedad permanente a su entorno. Muchas veces sufrimos a consecuencia de no vivir AQUÍ Y AHORA, por anticipar escenarios catastrofistas. La ansiedad lleva entonces a la parálisis, nos inunda de miedo y sinsentido, con lo que quedamos incapacitados para construir el presente y el futuro.
9. **Toma las cosas siempre por su lado amable.** Hablamos de la AMABILIDAD, que viene de *amar*. Amable es quien actúa de manera que se convierte en susceptible de ser amado. Amable es también quien regala delicadeza, respeto, simpatía y sensibilidad, valores esenciales para crear vínculos de cariño y confianza, algo que saben hacer muy bien las personas con Mentalidad Buena Suerte.
10. **Cuando te enfades, cuenta hasta diez antes de hablar; y si estás muy enfadado, hasta cien.** Este consejo de Jefferson nos remite a la sabiduría de las abuelas, tan esencial y obvia que muchas veces acaba obviada. El valor aquí es la PACIENCIA, el camino real hacia cualquier transformación de calado, así como para evitar mu-

chos dolores innecesarios. No precipitarnos nos da tiempo, además, para vivir con plenitud. La paciencia crea espacios para cultivar la paz propia y ajena, y se manifiesta a través de la escucha atenta, la conversación amable y la reflexión que nos eleva por encima de los problemas mundanos. Haciendo un juego de palabras, *la paciencia es la ciencia de la paz*.

Este decálogo práctico de Jefferson nos da, en suma, diez palancas para hacer que la vida sea más agradable para nosotros y para los demás. Pero no se trata solo de comprenderlas, sino de llevarlas a la práctica, como todo lo que está en estas páginas. No hay transformación sin acción. Para activar tu MBS es necesario extraer las enseñanzas del papel y actuar.

EJERCICIO PRÁCTICO:

El «carné de la paciencia»

1. Siguiendo el ejemplo de otro hombre clave en la historia de los Estados Unidos, Benjamin Franklin, te propongo que dediques una semana a practicar el fértil arte de la paciencia.

2. Toma un trozo de papel, o una cartilla, y divídelo en siete secciones verticales, una para cada día de la semana. Será tu «Carné de la Paciencia».

3. Proponte cada día de esta semana demostrar tu paciencia en un hecho claro y comprobable. Cuando lo logres, pon un «visto» o un «Ok» a ese día.

4. Si completas tu «Carné de la Paciencia», puedes abordar otro valor en la semana siguiente. Este método sencillo y sistemático te permitirá lograr grandes mejoras en tu vida.

12. SOÑAR CON NUEVAS POSIBILIDADES

No solo *eres lo que haces*. En un paso previo, *eres también lo que sueñas*. El techo de tus logros está primeramente en tu fantasía y en el permiso que te das para realizarla.

A priori, los obstáculos que salen a tu paso muchas veces no dependen de ti, pero la capacidad de soñar y de realizar sí.

De niños, no podemos parar de imaginar y fantasear. Es algo natural en nuestra mente libre y creativa. Sin embargo, al madurar, muchas personas apagan de forma inconsciente esa capacidad, y a todo lo que está más allá de su zona de confort lo llaman utopía.

Una fábrica de posibilidades

La mente es una fábrica de posibilidades muy poderosa, pues dirige lo que sentimos, pensamos y hacemos. Nuestra parte racional o consciente nos ayuda en el día a día en la toma de decisiones, aunque a veces es también esta mitad analítica la que nos puede recluir en el conformismo.

Por su parte, la mitad inconsciente de la mente nos ayuda en la tarea de llevar una existencia feliz, porque responde a la intuición: ejerce de escaparate de nuestros deseos y propósitos reales. El inconsciente puede ejercer de apuntador en la obra de la vida, ya que con sus impulsos y pistas nos avisa y convence de que vale la pena intentarlo.

¿Qué es soñar, al fin y al cabo? Es *abrir la mente a nuevas posibilidades*, a la oportunidad que aparece como un nuevo horizonte. Soñar requiere arrinconar el miedo y el agotamiento para aventurarse en el cambio.

Percepción y nueva realidad

Los padres del psicoanálisis, Sigmund Freud y Carl Gustav Jung, fueron los primeros en colocar el inconsciente en el centro de nuestras inclinaciones. Para Freud, la interpretación de los sueños se convirtió en el camino para acceder a esta parte de nuestra mente.

Carl Gustav Jung señalaba que la intuición solo es ilusión si no actuamos. Intuición sin acción es ilusión. Intuición con acción es aprendizaje y transformación. En sus propias palabras: «No alcanzamos la iluminación fantaseando sobre la luz, sino haciendo consciente la oscuridad. Lo que no se hace consciente se manifiesta en nuestras vidas como destino».

De hecho, buena parte de tu vida depende de tu voluntad de hacer consciente tu inconsciente. Si te preguntas por qué tropiezas siempre con la misma piedra, en una repetición que sientes que es absurda y estéril, puedes pedir explicaciones, precisamente, a tu inconsciente. Y para hacerlo es importante que te cuestiones, que pidas ayuda si es necesario a alguien que te conozca bien y te ame, y te escuche sin juzgarte, para que puedas ir viendo los mecanismos inconscientes que te hacen tropezar repetidamente con la misma piedra. También pedir ayuda psicológica puede ser muy útil y revelador.

El lúcido cantautor y poeta Facundo Cabral nos advertía, con cierto humor, de que un diálogo en positivo con nuestro inconsciente nos ahorra tropiezos: «¡No digas "no puedo" ni en broma, porque el inconsciente lo tomará en serio y te lo recordará cuando lo intentes!». Es un buen aviso para navegantes: debemos soñar mucho y mejor.

Joe Dispenza, experto en neurociencia y neuroplasticidad, asegura que el cerebro está programado según las experiencias del pasado, y que, si queremos salir de los círculos viciosos y crear una nueva realidad, tenemos que visualizar primero qué queremos lograr. Si visualizas algo repetidamente, acabarás creando nuevos neurocircuitos que transformarán y moldearán tu cerebro para actuar de manera diferente de cara al futuro.

Apuntar y observar

Pasemos a la práctica. Para convertir lo inconsciente en consciente hay que tomar conciencia de lo que ocurre en el plano mental. Equivaldría a consultar un mapa antes de emprender un viaje para así no perdernos.

Veamos tres formas de hacerlo:

* **Anota lo que sueñas con los ojos abiertos.** ¿Qué aspiras a hacer en tu vida personal y profesional? ¿Dónde y cómo te imaginas dentro de seis meses / un año / tres años? ¿Qué desafíos estás dispuesto a superar en el camino? ¿Qué caminos no explorados quieres recorrer? ¿Qué nuevas actitudes vas a desplegar? ¿Qué nuevos conocimientos y aprendizajes debes adquirir? ¿Dónde y con quién te vas a formar?
* **Apunta, también, las sensaciones o ideas inconexas que surgen en momentos de distracción y que tienen que ver con tu deseo y visión.** Si, por ejemplo, estás en la ducha y te viene una idea relacionada con tu deseo, nada más salir de debajo del agua, grábala en tu móvil o apúntala en un papel. Especialmente si sientes que tiene en ti un impacto emocional. Las ideas que te llegan de manera inesperada tienden a ser ventanas abiertas de tu inconsciente y pueden aportarte pistas muy interesantes que faciliten tu camino. Plásmalas con escritura automática, quiero decir, no te lo pienses mucho. Déjalo ir. Solo anótalas y luego, revísalas.
* **Observa las sincronicidades.** Carl Gustav Jung afirmaba que cuando se empiezan a producir muchas sincronicidades —casualidades significativas— en nuestra vida significa que se avecina

un gran cambio. Una sincronicidad se produce cuando vives una coincidencia entre un contenido mental (una idea que te viene, un pensamiento que aflora, una emoción o también un sueño) y un suceso real. Por ejemplo, andas por la calle pensando en alguien y al doblar la esquina te encuentras a esa persona de sopetón y de cara. Otro ejemplo: vas a una librería a comprar un libro que te ayude, pongamos por caso, a mejorar tu autoestima y al pasear por los pasillos de la librería ves cómo al librero le cae, mientras está colocando una pila de libros en su lugar, un libro al suelo, miras el título y ves que el libro va sobre autoestima. Por eso mismo, es interesante estar atento a las coincidencias que son para ti significativas, es decir, que cuando te ocurre eso, se te eriza la piel, o te quedas en un estado de enorme sorpresa porque sientes que eso no es casual, sino que para ti tiene un significado poderoso.

Parece ser que las sincronicidades a veces nos dicen que estamos en el buen camino y otras veces nos indican que vamos por un camino equivocado. Te voy a contar una experiencia que vivió una buena amiga al comenzar a salir con un hombre que conoció en una aplicación para encontrar pareja. Al mes de estar conociéndose, ella no lo veía claro. Comenzó a darse cuenta de que su nueva pareja escondía mucho el móvil y a veces se alejaba de ella para hablar argumentando que eran temas de trabajo y necesitaba espacio y silencio. Un día mi amiga quedó para merendar con otra buena amiga suya y le comentó que dudaba de su nueva pareja. Precisamente su amiga le comentó que había conocido a un hombre en una aplicación y que estaba ilusionada. Cuando le mostró la foto, mi amiga vio la imagen de su «chico», y en ese momento ambas se dieron cuenta de cuál era el juego de este hombre: ligar con una y con otra (y seguramente con muchas más) para tener sexo, básicamente. Así que las sincronicidades pueden manifestarse en coincidencias o señales que te impulsen, pero también que te salven de meterte en un buen problema.

Por su parte, Joe Dispenza lo explica así al referirse a las sincronicidades favorables: «La experiencia de la sincronicidad es una alineación entre nuestro mundo interior y exterior. La clara señal de emoción, energía, entusiasmo y sorpresa de los eventos es lo que lo inspira a seguir aceptando, creyendo y confiando en un resultado mayor, lo que en consecuencia agudiza nuestra capacidad para crear».

En el ejercicio siguiente te voy a proponer una serie de pasos para acelerar el avance de tus sueños a la realidad.

EJERCICIO PRÁCTICO:

Seis palancas para aterrizar tus sueños

1. Comienza de inmediato. No te des la oportunidad de retrasar tus sueños. Una vez que estés en marcha, todo te resultará mucho más fácil de lo que imaginabas.

2. Piensa a lo grande y mira lejos. No te desanimes a la primera. Bertie Charles Forbes, un periodista financiero escocés que fundó la revista que ahora lleva su nombre (*Forbes*), solía afirmar que los ganadores más destacados suelen enfrentarse a obstáculos desalentadores antes de triunfar. Su éxito se debe a que se niegan a desanimarse por sus derrotas.

3. Actúa sin más excusas. Elimínalas de tu diccionario mental. Cada vez que te sorprendas usando una excusa, imagina que le das a la tecla de SUPRIMIR.

4. Tus sueños deben traducirse en objetivos «SMART». Puede que te preguntes por qué utilizo el término inglés que quiere decir «inteligente» o «listo», pues porque este concepto se usa como acrónimo de las cinco cualidades que debe tener una meta por la que merezca la pena luchar:

   - S de *Specific*, en inglés, es decir, ESPECÍFICA. Debes concretar.

- M de MEDIBLE. Hay que saber a qué distancia estás de la meta.
- A de ALCANZABLE para ti en este momento de tu vida.
- R de RELEVANTE. Debe resonarte y marcar la diferencia.
- T de TEMPORALIZADA. Con fecha de inicio y de consecución.

Resumiendo estas cinco condiciones, un objetivo SMART tiene que ser lo más concreto posible. Necesitas saber en cuánto tiempo vas a lograrlo, con qué inversión y equipo. Debe resultarte asumible en este momento de tu vida, sin saltarte etapas, y ser lo bastante significativo para ti, de modo que no se apague la llama por el camino. En cuanto a su marco temporal, se quedará en una simple idea si no empiezas ya.

5. Establece tu meta con lenguaje proactivo. La programación neurolingüística (conocida también por su acrónimo PNL) incluye un conjunto de herramientas y técnicas para pensar, sentir y actuar de forma eficaz en nuestra vida personal y profesional. Gracias a ella, podemos entender mucho mejor nuestros procesos emocionales y mentales. La PNL trabaja, entre otras cosas, con el lenguaje que utilizamos para hablarnos. También a la hora de fijar planes. No es lo mismo usar fórmulas del tipo «Estoy haciendo» que «Me gustaría hacer»; cuando dices «Me gustaría», «Ojalá» o

«Quisiera» expresas intención sin acción, que no deja de ser la proclamación de una intención blanda, a la que le falta compromiso. Mientras que si dices «Estoy haciendo», ya hay un proceso real y tangible. Por eso es tan importante revisar cómo te hablas a ti mismo, porque desde un punto de vista psicológico, la diferencia es enorme. Tanto si escribes tu plan como si lo cuentas a los demás o te lo cuentas a ti mismo, asegúrate de que el lenguaje no traicione tus intenciones.

6. Traza un mapa de acción. Nuevamente, cuanto más concreto y detallado sea tu plan, más cerca estarás de lograrlo. Necesitas saber todo lo que requieres para que tu idea se haga realidad: plazos, tareas necesarias, finanzas, formación, contactos, colaboradores, etc. También las diferentes acciones que realizarás de forma gradual, ya que una llevará a la otra. Para avivar la motivación está bien poner el resultado deseado en el horizonte, pero lo que te será más útil es tener un mapa personal que te guíe hasta allí, con cada etapa delimitada, los posibles peligros y obstáculos, así como los indicadores de que avanzas en la buena dirección.

13. ¡LO MEJOR ESTÁ POR LLEGAR! (PERO, POR SI ACASO, VE A POR ELLO)

La afirmación positiva que da título a este capítulo se complementa con la acción sin excusas propuesta por William James. La voluntad de actuar entra en el terreno de *resolver*, un verbo de carácter proactivo que significa:

1. Hallar la solución a un problema.
2. Elegir entre varias opciones.
3. Hacer que una cosa se acabe o tenga un resultado claro.
4. Concluir lo empezado.

Son cuatro formas muy eficaces de aplicar tu Mentalidad Buena Suerte.

Tus posibilidades se disparan cuando optas por solucionar, elegir, hacer, concluir. No en vano, la palabra *resolver* está emparentada con otros términos claramente beneficiosos para tus planes y proyectos: *resolución*, *solución*, *solvencia*... Y es que, etimológicamente, el verbo *resolver* viene del vocablo latino *resolvere*, que significa 'desatar', 'liberar', 'desbloquear'.

Porque *lo que no resuelves te ata, te bloquea, te atasca, te para*.

¿Qué necesitas resolver, desatar, en este momento de tu vida?

Muchas personas no son *resolutivas* porque se anclan al pasado, donde muy a menudo residen la tristeza, la culpa, la pérdida y el fracaso mal digerido.

Otras están ancladas a un futuro en el que la angustia anticipatoria es la protagonista, que solo produce miedo, ansiedad y dudas ante escenarios catastrofistas.

Por lo tanto, concluiremos que *la resolución siempre está en el ahora*.

Intención y desorientación

Soñar y proyectar no son suficientes. Tener la intención de hacer algo sin actuar se llama ilusión. Por desgracia, hay personas que ven pasar la vida y agotan su tiempo en preparativos continuos, sin llegar nunca a concretar.

Una baja autoestima, el miedo al cambio o al fracaso, las creencias limitantes o la mala gestión de los proyectos pueden causar esta parálisis existencial.

Hay quien cree que la sobreinformación ayuda a prevenir y a afrontar cualquier problema, cuando muchas veces es lo que nos frena o detiene. Solo la acción concreta y focalizada nos sacará de ese limbo sin fruto.

En el extremo opuesto están quienes hacen sin pensar, quienes se precipitan sin entender, quienes dan palos de ciego sin planificar el camino hacia sus sueños, quienes actúan sin considerar las consecuencias de sus actos y después se sienten defraudados por su «mala suerte».

Son casos claros de desorientación: *la acción sin intención es tan estéril como la intención sin acción.*

¿Qué hace fracasar los propósitos?

Según un estudio de la Universidad de Scranton, en los Estados Unidos, solo un 8 % de la gente cumple sus propósitos. ¿A qué se debe este índice de fracaso? La investigación señala cinco causas de la inacción:

1. *Dedicarse a demasiados objetivos a la vez.* Con ello pierdes foco y te dispersas.
2. *Aplazar, postergar* constantemente hasta que el plan ya parece secundario o imposible.
3. *Priorizar siempre lo urgente*, y no lo importante. El gran experto en liderazgo Stephen Covey afirmaba que «lo urgente» suele ser importante para los demás, pero no para uno mismo. Y el drama de correr de urgencia en urgencia es que lo importante, los propósitos personales, se van alejando de tu vida hasta convertirse en un horizonte inalcanzable.
4. *Resignarse en lo aparentemente seguro y conocido*, influidos por nuestro entorno o por nuestros temores. Es lo que llamábamos en un capítulo anterior *paz barata*.

5. *Olvidar la recompensa*. En el camino hacia tus sueños es muy importante que te recuerdes a menudo por qué lo estás haciendo, qué premios te esperan al final.

¿Qué puedes poner en práctica ante la parálisis y la desorientación? Te voy a proponer una actividad práctica antes del ejercicio final.

Escribir, filtrar, cribar

En materia de propósitos, la palabra escrita tiene mucha más fuerza que un pensamiento cargado de buenas intenciones. Como te he venido diciendo en capítulos anteriores, lo que escribes ya no puede escaparse del papel ni de tu mente, porque puedes volverlo a leer, recuperar y recordar las veces que quieras. Las ideas son volátiles, se evaporan con suma facilidad, pero las ideas escritas son como la fotografía de tus pensamientos. Aquello que plasmas en un papel o archivo puede adquirir la fuerza y el compromiso de un contrato. Vamos con ello:

1. **Concreta lo que quieres alcanzar.** Escribe lo que deseas, cómo lo deseas, cuánto lo deseas y cuándo lo deseas. Pon fechas, busca un mentor si es necesario y ponte a trabajar.
2. **Trabaja desde la gratitud.** Empieza valorando lo que ya tienes, dedicando un minuto al día a

escribir: «*Tres cosas agradezco en este momento de mi vida: ...., ... y ....*». Recuerda, además, que la práctica de la gratitud eleva tu consciencia, mejora tu humor, mejora tu estado de ánimo y tu salud en general. ¡La gratitud es milagrosa!

3. **Haz como si ya lo hubieras logrado.** Además de ser proactivo y seguir un plan, visualiza la consecución de lo que te propones como si ya lo hubieras logrado. Eso te ayudará a derribar muros mentales.

EJERCICIO PRÁCTICO:

Los tres desafíos

En este ejercicio, te invito a que enumeres tres desafíos que en el pasado pensaste que eran imposibles, pero que finalmente lograste llevar a cabo, superaste con éxito y ahora, viéndolo con perspectiva, te das cuenta de que esos «falsos imposibles» eran una fantasía, una falsa creencia en tu mente, ya que finalmente lo lograste, ¡los superaste! De esos falsos imposibles extrajiste grandes aprendizajes.

1.er FALSO IMPOSIBLE: ..../ASÍ LO HICE: ....

2.º FALSO IMPOSIBLE: ..../ASÍ LO HICE: ....

3.er FALSO IMPOSIBLE: ..../ASÍ LO HICE: ....

A continuación, escribe tres situaciones o desafíos que actualmente te parecen imposibles de superar:

1.ª ....

2.ª ....

3.ª ....

Para terminar, empieza a buscar para cada «imposible» un posible camino a partir de tu experiencia. Aventúrate a plasmar cómo lo harás y ¡HAZLO!

14. «ME HA LLEVADO DIEZ AÑOS TENER ÉXITO DE LA NOCHE A LA MAÑANA»

(Woody Allen)

Longánimes, resilientes, perseverantes…, las personas con Mentalidad Buena Suerte son soñadoras, proactivas y tienen metas claras. Cumplir retos es un deporte para ellas.

Tú puedes ser una creadora o un creador de Buena Suerte si crees que es posible, si te responsabilizas de tu destino con imaginación, tesón y paciencia. Si tienes el coraje suficiente para actuar con decisión, a pesar del miedo. Si asumes que tu realización, en todos los niveles, es la mayor aventura que puedes llevar a cabo en este mundo.

La cita que da título a este capítulo es de alguien que tuvo que «picar mucha piedra», como vemos en su biografía *A propósito de nada*, antes de llegar a dirigir películas que marcarían una época.

Encontrarás esa misma actitud en deportistas de élite, inventores, científicos, así como en cualquier persona que crea algo que marca un antes y un después, en su vida y en la de los demás.

Persistencia y perseverancia

Se cuenta que Edison repetía este mantra: «La gente que dice que no se puede hacer no debería interrumpir a quienes lo están haciendo». Y es así. El talento y el conocimiento diferencial, todo aquello que aporta gran valor, requiere, por un lado, de una gran perseverancia y, por otro, de una mirada distinta a la realidad.

Lo que convierte a alguien en un genio no son solo las capacidades innatas que pueda tener, sino también una voluntad extraordinaria de romper muros y lograr lo que se ha propuesto.

El genio tiene la capacidad de hacer obvio lo que hasta el momento estaba oculto y a la vez era evidente. Sin embargo, hay un ingrediente más. Si nos sumergimos en las biografías de Leonardo da Vinci, madame Curie, Nicola Tesla, Albert Einstein o Alan Turing, por poner solo unos ejemplos, entenderemos hasta qué punto perseveraron en lo que se habían fijado.

Y aunque cuando pensamos en ellos solo nos vienen a la cabeza sus éxitos, conviene recordar que antes de esos éxitos vivieron numerosos esfuerzos. Avanzaron gracias al ensayo y error, a la preparación y correcciones constantes, a su tenacidad y a su gran fe en culminar lo empezado.

Pablo Picasso lo dejó muy claro: «No sé en qué momento llegan la inspiración y la creatividad... Lo que sé es que hago todo lo posible para que, cuando lleguen, me encuentren trabajando».

La lección del bambú japonés

Un requisito previo para vivir oportunidades geniales es ser perseverante. *Tiempo, esfuerzo, paciencia y constancia*. Asumir que el progreso, por lento que sea, sigue siendo progreso.

Hesíodo, el historiador romano, lo expresó así: «Si añades un poco a lo poco y lo haces con frecuencia, pronto llegará a ser mucho». La idea queda reflejada también en un célebre relato acerca de la historia de un bambú japonés que quiero recordar aquí:

> Hay algo muy interesante que sucede con el bambú japonés y que nos enseña una importante lección.
>
> Cuando un cultivador planta una semilla de este árbol, el bambú no crece inmediatamente, por más que se riegue y se abone regularmente. De hecho, el bambú japonés no sale a la superficie durante los primeros siete años.
>
> Un cultivador inexperto pensaría que la semilla es estéril, pero para nuestra sorpresa, transcurridos estos siete años, el bambú puede crecer más de treinta metros en tan solo seis semanas.
>
> Entonces, ¿cuánto tiempo podríamos decir que tardó en crecer el bambú? ¿Seis semanas? ¿O siete años y seis semanas?
>
> Sería más correcto decir que tardó siete años y seis semanas. ¿Por qué? Porque durante los pri-

meros siete años el bambú se dedicó a desarrollar y fortalecer sus raíces para poder crecer rápida y sólidamente en solamente tan solo seis semanas. Además, si en algún punto en esos primeros siete años dejamos de regarlo o cuidarlo, el bambú muere.

Si quieres que tu crecimiento sea rápido y sólido, primero debes sentar buenas bases, buenas raíces, y esas raíces son una buena preparación y formación, experiencia y aprendizaje de tus errores, hacer que tu sufrimiento sea productivo, humildad (que, recordemos, viene de *humus*) para vivir con los ojos abiertos —porque la vanidad ciega, pero la humildad revela— y acción constante de mejora. Las buenas raíces son el sostén del desarrollo rápido y sólido, ambos a la vez. Sin raíces no hay alas.

Tú, con tu MBS, eres y serás como el bambú: no desistirás de sus metas y no te desesperarás cuando el resultado no llegue con rapidez. Sabes que es necesario TIEMPO para fortalecer las raíces de tu proyecto y que este pueda crecer con fuerza gracias a esas buenas raíces.

EJERCICIO PRÁCTICO:

Riega y abona tus raíces

1. ¿Qué preparación necesitas para lo que te gustaría llevar a cabo en este momento de tu vida?
2. ¿Qué maestros o mentores te pueden nutrir en ese sentido?
3. ¿Qué cursos y libros te darán una base fuerte para poder crecer?
4. Diseña con todo ello un plan de formación personal que te capacite para realizar lo que puede parecer un sueño.

(Te invito a que no dejes pasar la oportunidad de escanear el código QR que encuentras al final de cada capítulo. Recuerda que tienes treinta lecciones extra y otros regalos completamente gratuitos que te esperan en mi Escuela Humanista <www.alexroviraescuela.com> por la que han pasado ya decenas de miles de personas que han vivido un cambio muy positivo en su vida gracias a esta experiencia.)

15. APLICA LA REGLA DSC

Es bien sabido que resulta más fácil decir algo que hacerlo. Por este motivo, en *Tu Mentalidad Buena Suerte* quiero invitarte a que pases de las palabras a los hechos, a la acción, de modo que tus actos hablen de ti mucho más que tus palabras.

Una receta interesante y eficaz para pasar de la teoría a la práctica fue concebida por el profesor de psicología Phil Daniels. La llamada regla DSC, acrónimo que significa «Dejar de hacer, Seguir haciendo y Comenzar a hacer», nos propone un proceso para controlar cada paso de la acción que buscamos.

Gracias a tres preguntas muy concretas que solo pueden ser contestadas con afirmaciones directas, podemos focalizarnos en los hechos y las acciones, en vez de quedarnos en el nivel mental de las buenas intenciones.

La regla de Daniels se basa en este trío de preguntas:

¿Qué debería dejar de hacer?
¿Qué debería seguir haciendo?
¿Qué debería comenzar a hacer?

Lo revelador de este sencillo método es que asumes el rol de protagonista de tu aventura, interpelando a tu propia capacidad de acción y corrección.

Al dejar de hacer lo que no te conviene, desactivas el autoboicot y liberas espacio y energías para acciones decisivas para tu futuro.

Seguir haciendo lo que haces bien aumenta tu maestría y te acerca a tu objetivo. El concepto de *kaizen*, que engloba un proceso de mejora sostenida y continuada, sintetiza muy bien esta idea.

Introducir nuevos hábitos e iniciativas cambiará a medio plazo tu situación personal.

Vamos a explorar un poco más estos puntos.

Primer paso: Dejar de hacer

Muchas veces, lo más útil que podemos hacer es eliminar los obstáculos y errores que te distraen y te restan foco para lo que deseas lograr.

Dejar de hacer lo que no te beneficia, abandonar lo superfluo, te permite aprovechar mejor el tiempo. Y si gestionas mejor tu tiempo y tus esfuerzos, tendrás los recursos necesarios para optimizar tu vida.

En ello te puede ayudar la famosa Ley de Pareto, el economista italiano que hace más de un siglo ya señalaba que *el 80 % de los resultados los producen el 20 % de las causas*.

Para desarrollar tu MBS, es muy útil preguntarte:

- ¿Cuál es el 20 % de las personas que aportan más valor a mi vida? Pasa más tiempo con ellas y reduce tu tiempo compartido con el 80 % restante.

- ¿Cuál es el 20% de actividades que me reportan mayor satisfacción? Dales prioridad y espacio en tu día a día.
- ¿Cuál es el 20% de ocio que me aporta inspiración, aprendizaje y valor? Elimina el resto de las experiencias que no te compensan por el tiempo o dinero que inviertes en ellas.

Segundo paso: Seguir haciendo

Una máxima del camino al éxito es que resulta más fácil llegar que mantenerse. Lo dicen los grandes artistas, y esta verdad es también aplicable a nuestra vida cotidiana.

¿Qué es eso que haces bien, pero que no haces suficientemente a menudo? ¿Qué pasaría si ampliaras la ratio de lo que se te da mejor y te aporta más satisfacción?

Tenemos un ejemplo claro en el campo de la pareja. A menudo se pone mucho esfuerzo en conseguir a la persona deseada, pero luego no se cuida el día a día, con lo que la relación termina erosionándose.

Sobre esto, vamos a acudir a Philip Zimbardo, psicólogo social de la Universidad Stanford, que llevó a cabo en 1969 un revelador experimento del que se extrajeron valiosas conclusiones gracias también al trabajo de James Wilson y George Kelling.

La llamada *Teoría de las ventanas rotas* sostiene que, si un destrozo no se arregla pronto, acaba extendiéndose a otras áreas. Los investigadores comprobaron, a través de un experimento realizado a pie de calle, que si se deja un coche con una ventana rota, los vándalos continúan el trabajo, independientemente del barrio donde esté el coche.

¿Por qué? Porque se está transmitiendo el mensaje: «*Aquí nadie cuida de esto; esto está abandonado y se le puede meter mano*».

Si un árbitro permite una pequeña transgresión en un partido, lo más probable es que vayan apareciendo más y más acciones violentas hasta convertir el juego en un infierno.

Si no cuidas una relación y comienzas abandonando los pequeños detalles, estás sembrando posibilidades de un deterioro que puede acelerarse.

La lista sería interminable.

En resumen, *seguir haciendo* debe incluir la reparación de cualquier grieta o ventana rota, para que no acabe por romperse en pedazos nuestro proyecto vital.

Tercer paso: Comenzar a hacer

Pienso que *el destino es aquello que nos pasa si no hacemos nada para evitarlo.* Las personas que no asumen responsabilidades y lo dejan todo en manos del azar o de las circunstancias van siempre a remolque.

Crear tu Mentalidad Buena Suerte implica, en este tercer paso, saber qué no estás haciendo, pero que si lo hicieras, si lo introdujeras en tu día a día, porque está al alcance de tu mano y circunstancias, podría cambiar tu vida. Esto lo puedes abordar en todos los niveles:

- ¿Qué actitud me falta para dar un salto de calidad en mi vida?
- ¿Qué hábitos de las personas de éxito puedo incorporar?
- ¿Qué aprendizajes y contactos pueden ayudarme en mi propósito?

EJERCICIO PRÁCTICO:

Pide *feedback*

En su libro *El Método Ikigai*, mi amigo Francesc Miralles y Héctor García complementan la regla que acabamos de ver con esta propuesta para obtener un *feedback* útil, que permita mejorar la propia vida. Lo plantean así:

1. Pide *feedback* a personas que admiras y que saben más que tú del tema.
2. Ignora las críticas de la gente que no conoces y que saben menos que tú del tema.
3. Haz que la otra persona se sienta honrada al darte *feedback*. Da crédito a aquellos que te ayuden.
4. Para concretar el *feedback* de un trabajo o proyecto, puedes hacer estas cuatro preguntas:
   - ¿Puedes decirme lo que menos te gusta? No voy a enfadarme.
   - ¿Y por qué razones no te gusta?
   - ¿Qué es lo que más te gusta?
   - ¿Y por qué razones te gusta?

Si la persona no te dice exactamente por qué le gusta o no le gusta algo de tu trabajo o proyecto, olvídalo. No es un *feedback* útil porque no te concreta los motivos de su valoración.

16. LA MENTIRA Y EL ERROR

Para desarrollar tu Mentalidad Buena Suerte *es fundamental no confundir el error con la mentira*. En el error ya hemos visto que radican la experimentación, el aprendizaje, la consecución y la transformación. Cuando mentimos, en cambio, nos encerramos en un laberinto.

El error nunca debe incomodarte: lo que te debilita es la mentira. Y, pese a que errar y mentir son cosas bien distintas, a menudo van de la mano. Demasiadas veces, al no querer mirar al error a los ojos para repararlo, solucionarlo y pedir disculpas, puedes entrar en las arenas movedizas de la mentira, que aparece para enmascarar, manipular o negar ese error.

Imagina que te equivocas en un proyecto determinado, sea por falta de criterio, preparación, experiencia o habilidad. Quizá te entra el pánico en un primer momento, o te hiere el orgullo o, simple y llanamente, no quieres enfrentarte a una situación que te deje en evidencia. Incluso sabiendo que, si mostrando con humildad que te has equivocado, no solo te disculparán, sino que tendrás la oportunidad de reparar el error, extraer un aprendizaje y mejorar.

De hecho, *ser honesto al asumir el error supone un giro rápido hacia la mejora*. De ahí que uno de los mejores métodos de aprendizaje que existe, como demuestra la ciencia, es el llamado «ensayo y error». Al reconocer que te equivocas porque estás aprendiendo, ensayando, con humildad y con honestidad, creces, aprendes e integras nuevas capacidades.

Decía Bruce Lee: «Los errores son siempre perdonables si uno tiene el coraje de admitirlos».

Errores afortunados

¿Qué sería de la medicina actual sin el error de quien fue premio Nobel, Alexander Fleming? Recordemos que descubrió el antibiótico más famoso del mundo, la penicilina, porque olvidó limpiar su laboratorio antes de marcharse de vacaciones.

Fleming estudiaba unos cultivos de bacterias de estafilococo en el hospital londinense de Saint Mary's, y, por despiste, dejó cerca de una ventana abierta una placa que contenía estas bacterias. Al regresar de su pausa vacacional, las bacterias estaban contaminadas por un moho que las había frenado: los hongos de Penicillium, base del medicamento que ayudaría a curar infecciones en millones de personas.

Art Fry, empleado de una empresa química, vivió la experiencia de cómo la equivocación de un hombre puede ser la oportunidad para otro. Este modesto empleado encontró una partida de cola defectuosa que no pegaba lo suficiente y que, por consiguiente, iba a ser destruida.

Ante aquella pasta defectuosa, Fry supo ver la oportunidad para solucionar un problema que tenía en el coro de la iglesia. Como solía costarle encontrar los himnos con rapidez, se le ocurrió una idea: con aquel pegamento defectuoso y unos papeles recortados creó los primeros Post-it para su uso personal.

Un día se le ocurrió utilizar uno de aquellos Post-it caseros para un informe interno en la empresa. Entusiasmados con esos papelitos de quita y pon, sus compañeros le pidieron que llevara más para sus anotaciones. Cuando el invento fue advertido por los ejecutivos de la empresa 3M, el producto fue lanzado con enorme éxito. Actualmente puede encontrarse en las oficinas y los despachos de todo el mundo.

Esta inspiradora historia real es solo una muestra de cómo la alquimia personal puede convertir un error en oportunidad.

El mentiroso debe tener buena memoria

Estos ejemplos nos enseñan la parte positiva, la inflexión providencial que puede suponer errar. Sin embargo, la cosa se complica cuando se trata de ocultar, enmascarar o de negar el error. Entonces aparece la mentira. Y con la mentira, el error deviene manipulación.

La mentira para disimular un error abre la puerta a las falsas excusas, a las ocultaciones, a las tergiversaciones, a las acusaciones, al orgullo, a la negación de la realidad y a tantas otras perversiones. Y ese tipo de *error* (la mentira y sus derivadas) tiene consecuencias graves tanto para quien lo genera como para quien lo recibe. La mentira contamina la mente de su emisor y de sus receptores. Aleja a ambos de la realidad y de las verdaderas soluciones.

Además, quien comete un error, pero no tiene la valentía de reconocerlo, puede acabar construyendo castillos de mentiras, pues cada falsedad necesita el apoyo de muchas otras falsedades y así se construyen enormes castillos de cartas que son mentiras. Su equilibrio es casi imposible, extremadamente frágil. Y un simple soplo de verdad puede tumbarlo en un instante. Ahí, como reza el dicho latino «*Mendacem ese oportet*», el mentiroso debe tener buena memoria. Y todo se convierte en sufrimiento y debilidad. Tanto que muchas personas se hunden por no aceptar sus errores y refugiarse en montañas de mentiras que las acaban sepultando.

Un ejemplo extremo de ello es la historia real contada por Emmanuel Carrère en *El adversario*, donde un falso médico asesina a toda su familia antes de que descubran que su vida es un fraude.

Para no confundir el error con la mentira, es necesario tener conciencia y educación emocional. Errar es humano, como reza el viejo dicho, incluso divino, si nos comprometemos a evolucionar y mejorar a partir de ello.

No lo dudes, la mentira te destruye, la verdad te libera. Y los cimientos de tu Mentalidad Buena Suerte se construyen, sí o sí, en el amor a la verdad: en tu profunda honestidad contigo, con los demás y con la vida misma.

EJERCICIO PRÁCTICO:

Elabora tu historial de fracasos

En los Estados Unidos es costumbre incluir los errores y fracasos en el *curriculum vitae* cuando se solicita un trabajo, ya que se considera un valor que ha aportado buenos aprendizajes a la persona. Siguiendo esta misma filosofía:

1. Escribe en un papel los que consideras que han sido los dos grandes errores de tu vida.
2. ¿Qué carencia o inexperiencia propició cada equivocación?
3. ¿Y qué aprendiste de cada error?
4. ¿De qué manera estos errores te han hecho mejor persona?

17. LA ENVIDIA ES ADMIRACIÓN VESTIDA DE FRUSTRACIÓN

En mi primer libro, *La brújula interior*, escribí que a veces a los intrépidos, a quienes arriesgan, a quienes rompen las pautas, a quienes van a la contra, a quienes hacen las cosas de una manera diferente, a quienes se permiten mirar de una manera distinta, a quienes se escuchan de verdad, a quienes viven su vida y dejan que los demás vivan la suya… se les insulta diciéndoles que son unos «inconscientes».

Me parece paradójico que reciban esa etiqueta, ya que probablemente son los más conscientes, quienes están más en contacto con su verdadero Yo y se dan el permiso de expresarlo.

Sin conciencia no es posible cultivar tu Mentalidad Buena Suerte.

Tóxico o nutritivo

Karl Albrecht, en su libro *Inteligencia social*, distingue entre comportamientos tóxicos y comportamientos nutritivos. Los primeros corresponden a las personas que critican, envidian, se comparan o tal vez incluso mienten con tal de no demostrar aprecio, admiración y reconocimiento de las capacidades de otros.

Por el contrario, Albrecht enumera cinco características que identifican a las personas nutritivas:

1. Son capaces de captar y de entender a los demás: tienen consciencia de la situación.
2. Disponen de recursos verbales y no verbales para comunicarse de manera fluida y eficiente.
3. Son honestas, abiertas y auténticas.
4. Son claras al expresarse y transmitir ideas y acciones.
5. Son empáticas y están dispuestas a cooperar.

¿Con cuántos de estos atributos te identificas?

Quien critica se confiesa

Esta frase es de Baltasar Gracián y no puede ser más certera. El hábito de criticar intoxica al protagonista e intoxica al resto. Como comenta Dale Carnegie en su clásico *Cómo ganar amigos e influir en las personas*, la queja y la crítica no sirven para mejorar ni para hacer mejor a nadie. En especial, cuando se escuda en la mala suerte. Como afirma mi querido amigo Antoni Bolinches: «Criticar a los otros no nos mejora a nosotros».

¿En cuántas ocasiones oímos que los triunfos de otros se deben a la casualidad, así como los fracasos propios obedecen a la mala suerte? Este tipo de comentarios son los que han dado el título a este capítulo: la envidia hacia otra persona es, en el fondo, admiración hacia ese otro, pero amargada por la frustración de no haber logrado eso mismo.

Ahora ya sabemos que la Buena Suerte es fruto de la responsabilidad y de la acción personal. Un buen amigo tiene en su despacho un corcho en el cual, hace ya muchos años, cuelga un papel impreso el poema «No culpes a nadie» de Pablo Neruda. Cuando voy a su casa me gusta leerlo, y la última vez que lo visité le pedí permiso para hacer una foto de dicho texto y compartirla aquí. Dice así:

Nunca te quejes de nadie ni de nada. [...]
Acepta la dificultad de edificarte a ti mismo
y el valor de empezar corrigiéndote. [...]
No te amargues de tu propio fracaso
ni se lo cargues a otro.
Acéptate ahora o seguirás justificándote como un niño. [...]
Piensa menos en tus problemas y más en tu trabajo,
y tus problemas, sin eliminarlos, morirán.
Tú eres parte de la fuerza de tu vida.
Ahora despiértate, lucha, camina, decídete y triunfarás en la vida.
Nunca pienses en la suerte,
porque la suerte es el pretexto de los fracasados.

Si te comparas, ya pierdes

Al igual que sucede con la crítica, la comparación traslada el foco fuera de ti. Eso ya hace que pierdas la energía y el tiempo que necesitas para crear tu MBS. Un problema añadido es que nos comparamos siempre con los de arriba, con quienes se hallan en una mejor situación que nosotros, con lo cual nos sentimos disminuidos en nuestra autoestima y confianza.

Hay quien cavaría un foso bajo los pies de aquel a quien envidia para sentirse más alto.

La clave de tu MBS es encontrar dentro de ti el sentido que guíe tus actos para realizarnos.

Sobre esto, el poeta francés Jules Romains establecía tres niveles de conciencia según dónde pongamos nuestra atención:

1. La gente mediocre habla de otra gente.
2. La gente común habla de cosas.
3. La gente inteligente habla de ideas.

Si me has acompañado hasta aquí, no me cabe duda de que perteneces a este tercer grupo. Llegados a este punto, me interesa saber cuál es la idea sobre tu vida que va tomando fuerza y cómo quieres llevarla a cabo.

EJERCICIO PRÁCTICO:

Tu área de control

1. Olvídate de lo que hayan hecho, hagan o puedan hacer los demás.
2. Tu área de control es lo que depende de ti y puedes cambiar ya. ¿Qué es en este momento de tu vida?

Te lo voy a mostrar con un ejemplo: imagina que deseas emprender un viaje largo en barco. ¿Qué cosas dependen de ti?

- Puedes y debes verificar que la nave esté en buenas condiciones y llevar a cabo cualquier reparación necesaria si no lo está.
- Puedes y debes elegir cuidadosamente a los miembros de tu tripulación.
- Puedes y debes elegir las provisiones y el material sanitario para la travesía.
- Puedes y debes tener un mapa detallado que te guíe hacia tu destino.
- Puedes y debes escoger el momento más adecuado para zarpar, en lugar de partir en medio de una tormenta.

Hasta aquí, todo lo que está bajo tu control.

Sin embargo, hay cosas que escapan a tu control, como los cambios impredecibles del clima en medio del viaje, como olas gigantes o tormentas repentinas que amenacen tu travesía o las grandes corrientes oceánicas que retrasen o desplacen tu trayectoria.

Ante estas circunstancias, es fundamental actuar con prudencia y buen criterio, es decir, mantener la calma para tomar decisiones sensatas en lugar de agregar más caos al caos.

Céntrate siempre en aquello que puedes controlar y haz las cosas de la mejor manera que seas capaz. Perder tu tiempo y energía en lo incontrolable te lleva al agotamiento. Centrarte en lo que debes hacer y puedes mejorar te lleva a la excelencia y a la felicidad.

18. LO EXTRAORDINARIO LO LOGRA GENTE COMÚN Y CORRIENTE

Somos personas corrientes, pero no ordinarias. Si estás leyendo esto es porque caminas hacia tu realización personal a través de crear tu Mentalidad Buena Suerte, porque entiendes la vida como una mina llena de oportunidades.

Lo que hace que una persona logre cosas extraordinarias no es un coeficiente intelectual superlativo. Tampoco haber nacido en una familia con grandes recursos o haber estudiado en una prestigiosa universidad.

Los verdaderos factores diferenciales son su Mentalidad Buena Suerte, la actitud que mantiene a lo largo de su trayectoria y lo que está dispuesto a invertir en su propósito. Eso es lo que distingue a las personas ordinarias de las fuera de serie.

La regla de las 10.000 horas

Este es el tiempo necesario para alcanzar la excelencia óptima, según explica Malcolm Gladwell en su libro *Outliers*, que se traduce justamente como *Fuera de serie*.

Además de exponer su teoría, en este ensayo el periodista y sociólogo canadiense la ilustra con casos de éxito en disciplinas diversas, desde el deporte hasta la música o los negocios.

Gladwell encuentra puntos comunes en figuras como Mozart, los Beatles o Steve Jobs. Según este investigador, los factores que confluyen en el éxito, haciendo que una persona se convierta en fuera de serie, son los siguientes:

- **Elegir el entorno.** Dónde y cuándo nacemos escapa a nuestro control, y el contexto no deja de ser importante en nuestra formación y opciones de vida. Sin embargo, podemos cambiar de entorno, como hizo el escritor portugués José Saramago cuando se le censuró en su país y se estableció en Lanzarote.
- **Potenciar el talento.** Todos tenemos capacidades innatas, pero Gladwell advierte que es necesario estimularlas y ejercitarlas, no basta con poseerlas. Mozart, que fue el ejemplo máximo del niño prodigio, empezó a tocar y a componer piezas sencillas a los cinco años. Pero no por inspiración divina, sino porque su padre le ayudó y motivó.
- **Mantener el rendimiento sería otro factor determinante.** Es aquí donde el autor establece, por observación de los casos estudiados, su célebre *regla de las 10.000 horas*. Los Beatles, por ejemplo, tocaron en bares de Hamburgo hasta 270 noches, durante ocho horas sin pausa cada día, en los tiempos previos a su primer éxito. Junto a las horas que acumulaban como músicos desde su

adolescencia, ese intensivo les permitió completar su formación para deslumbrar al mundo.

En palabras de Malcolm Gladwell: «Si uno trabaja lo suficiente y tiene confianza en sí mismo, si usa su mente y su imaginación, podrá conformar el mundo a sus deseos».

Pequeñas grandes habilidades

Tu vida será lo que hagas de ella a partir del tejido de los hábitos que seas capaz de crear. Si te fijas en las personas a las que admiras, sea en la esfera de lo privado o de lo público, y te preguntas qué los hace grandes, te darás cuenta de que son excelentes en su desempeño personal y profesional. Verás que son amables, detallistas, perseverantes, a veces obsesionados con la calidad, que saben escuchar, que no desfallecen, que comparten generosidad y buen humor, que contagian emociones positivas y que practican la eficacia y la eficiencia. En definitiva, te darás cuenta de que destacan en una serie de habilidades concretas por encima de la media.

Quizá es fácil pensar que tienen un don, o que han sido bendecidos por la gracia divina, o que su genética es poderosa. Quizá sí... Pero estoy convencido de que estos son minoría. La amplia mayoría de las personas excepcionales, tanto notorias como anónimas, que habitan en este mundo son personas que son excelentes en el ejercicio de determinadas microhabilidades.

¿Y qué es una microhabilidad? Escuchar sinceramente, por ejemplo. O saber tener paciencia. O ser muy amable. O saber observar. Otra microhabilidad maravillosa es tener curiosidad, o estar atentos de verdad a lo que nos dice el otro, a los detalles que luego son los que nos permiten sorprender a nuestro interlocutor. Otras serían, por ejemplo, prepararse muy bien una reunión, elaborar un buen informe de trabajo, felicitar a un cliente sinceramente el día de su cumpleaños o encontrar el momento oportuno para presentar una oferta o promoción que puede mejorar su calidad de vida.

Si lo vemos así, la genialidad o la excepcionalidad dejan de ser algo mágico, místico o relacionado con la excelencia genética. Es grande y excelente aquel o aquella que domina a la perfección una suma de pequeños hábitos, de microhabilidades, porque ha dedicado el tiempo para lograrlo.

Te pongo un ejemplo bien simple: el acto de que un camarero te sirva café. Es una operación profesional que se puede desglosar, resumidamente y para no complicarlo, en los siguientes pasos:

- Escuchar el pedido del cliente.
- Poner la taza en la cafetera.
- Darle al botón del café.

* Desplazar la taza al platito.
* Añadir leche o no, en función del pedido del cliente.
* Añadirle cucharilla y azucarillo o edulcorante en función también del pedido del cliente.
* Servirle la taza.
* Cuando este ha consumido, cobrarle.
* Despedirse de él.

Se trata de una serie de acciones básicas, aparentemente muy simples. Pero lo curioso del caso es que coincidirás conmigo en que puedes encontrarte con cuatro tipos de camareros que provocan experiencias bien distintas ante el simple hecho de pedir un café:

1. Los que te dejan indiferente, tanto por el café como por cómo te han tratado. Luego te irás del bar o del restaurante sin ninguna huella en tu memoria. Ese local y experiencia no te han impactado ni para bien ni para mal.
2. Los que te amargan el momento del café por el mal servicio que te han prestado: lentitud, parsimonia, suciedad, dejadez, malas maneras, mala educación. Luego, no solo no regresarás (salvo que no tengas más remedio porque no hay otras cafeterías cerca en esa zona), sino que, además, desaconsejarás ese lugar si te piden opinión.

3. Los que te amargan ese momento, pero en este caso porque el café es imbebible, nefasto en sabor y aroma. Igual que en el caso anterior, dejarás de ser cliente y, si te preguntan, dirás lo malo que es el producto allí.
4. Finalmente, los que te cambian el humor y te provocan el placer de un café delicioso y del encuentro con un ser humano agradable, amable y gran profesional. Aquí, sin duda, regresarás y además puedes llegar a recomendar el local a amigos, familiares, compañeros de trabajo o incluso vía redes sociales.

¿Con cuál quisiéramos encontrarnos siempre, por el mismo precio? Con el camarero de la cuarta opción, sin duda. Como clientes nos fideliza ese camarero amable y servicial que nos acoge con buena disposición, pulcritud y alegría y nos regala instantes de humanidad y calidad. ¿Y cómo se hace eso? Muy simple, combinando una suma de microhabilidades emocionales, intelectuales (sí, intelectuales incluso a la hora de hacer un café, ¿o acaso creemos que el sabor óptimo de este producto no requiere conocer muy bien cómo elaborarlo?) y también operativas.

La conquista de la grandeza se manifiesta en lo pequeño, ya que la excelencia se alimenta de los detalles. Del mismo modo que el árbol se hace enorme por sus microrraíces que llegan a absorber el agua que está a cien metros de profundidad bajo tierra; del mismo modo que toda gran brecha comienza en una pequeña grieta.

Por eso es tan importante dar lo mejor de ti aquí y ahora, en cada instante, en cada paso, en cada gesto, en cada llamada, en cada visita, en cada encuentro, en cada oferta, haya crisis o no, pase lo que pase.

Porque, lamentablemente, hay muchos profesionales que se mueven en las opciones una, dos y tres, y que, teniendo un oficio, parece que se esfuercen en hacer huir a sus clientes. De modo que, si decides ubicarte en la cuarta opción, la crisis de los demás se convertirá en tu oportunidad de hacer mejor las cosas y de ofrecer al mundo tu excelencia. Lo que otros expulsan, tú lo cuidas. Esa es y será tu riqueza, aquí y ahora, pero también mañana y siempre, si decides hacerlo bien en todo momento.

La suma de pequeñas victorias

Tal como estamos viendo, lo que hace que una persona o un grupo de personas logre algo extraordinario es precisamente lo pequeño, la suma de microhabilidades en una práctica constante.

Por este motivo, es muy útil fraccionar un gran desafío en objetivos diarios asumibles. Si te has propuesto escribir tu primer libro, redactar una página al día hará que al cabo de un año tengas un buen volumen. Aunque luego hagas muchas correcciones o incluso nuevas versiones sobre lo ya escrito, cada página completada será un éxito.

Celebra las pequeñas victorias, porque la suma de ellas te hará grande. Cuida los detalles, porque no se llega a lo grande sin valorar antes lo pequeño.

Si en sus innumerables conciertos en Hamburgo los Beatles no hubieran valorado cada pequeña oportunidad, aunque tocaran versiones del *rock' 'n' roll'* para un público a veces escaso, jamás habrían adquirido la maestría que los convertiría en la banda más importante de la historia.

Es fundamental no despreciar a nada ni a nadie porque hasta un átomo hace sombra. Como afirmaba el periodista estadounidense Robert Brault, «Disfruta de las pequeñas cosas, porque tal vez un día mires atrás y te des cuenta de que eran las grandes». Y es precisamente en el cuidado de los pequeños detalles donde se manifiesta la grandeza.

EJERCICIO PRÁCTICO:

Tu plan de trabajo

Si te planteas cumplir la regla de las 10.000 horas para alcanzar la maestría en algo, en caso de no tener «horas de vuelo» acumuladas en esta materia, estas serían las cuentas:

1. DEDICACIÓN TOTAL. 8 horas diarias x 5 días a la semana = 5 años
2. MEDIA JORNADA. 4 horas diarias x 5 días a la semana = 10 años
3. DEDICACIÓN DE DOS HORAS AL DÍA. 2 horas diarias x 5 días a la semana = 20 años
4. DEDICACIÓN DE UNA HORA AL DÍA. 1 hora diaria x 5 días a la semana = 40 años

Como puedes ver, la maestría requiere tiempo a la vez que compromiso y pasión.

¿En qué área de tu vida sientes que deseas conquistar la maestría y llegar a comprometerte para lograrlo?

19. SI QUIERES UNA MANO QUE TE AYUDE, LA ENCONTRARÁS AL FINAL DE TU BRAZO

En la vida hay personas que tienen espíritu de prosperidad: tienen un estado mental y emocional orientado al logro y a la abundancia. Tienen Mentalidad Buena Suerte. Actitud positiva, confianza en sus habilidades desarrolladas con el tiempo, mirada creativa para encontrar oportunidades y soluciones donde otros solo ven problemas, así como visión a largo plazo en la que se establecen metas para crecer y mejorar constantemente. Pero esa visión no se centra solo en los logros personales, sino también en mejorar la sociedad y el mundo.

Por el contrario, también encontrarás en tu vida personas que manifiestan el espíritu de pobreza. Una de las características más destacadas que comparten las personas con espíritu de pobreza es que «cargan el muerto» de lo que no han hecho o no les ha salido bien a otros. Algunos ejemplos cotidianos:

- El trabajador que atribuye siempre e invariablemente a su empresa o a sus jefes su bajo rendimiento.
- La persona que culpa a su pareja constantemente de su infelicidad o falta de éxito.

* El supuesto emprendedor que se excusa día sí, día también, tras la situación económica, política o social para no llevar a cabo la idea que tiene en mente.

Son personas orientadas a la escasez, la falta, el defecto en el otro y a la carencia. Su mentalidad es negativa, son victimistas profesionales y viven inmersas en la creencia de que la vida es injusta y sin oportunidades. Inconscientemente, establecen una percepción limitada de la realidad y tienden a poner mucho más énfasis en las dificultades que en las oportunidades, lo cual las lleva a la apatía, la resignación y la inacción. La responsabilidad no la ubican en su ámbito de acción posible y tienden a mentirse y a mentir a los demás para justificar su «mala suerte».

Por todo lo anterior, para crecer y desarrollar tu MBS, un ingrediente básico es la honestidad y la propia responsabilidad. Cuando dejamos de «tirar pelotas fuera», el partido siempre se juega en nuestro campo.

La honestidad y la responsabilidad atraen vínculos de calidad, ya que las personas honestas y responsables buscan a sus iguales.

En palabras de Viktor Frankl, «el hombre es el ser que siempre decide lo que es». Y podemos optar por ser íntegros y dedicarnos a crear prosperidad desde la honestidad y el coraje.

Un gran ejemplo es el del misionero Vicente Ferrer. Tras ser destinado a la India con los jesuitas, quedó impresionado ante la pobreza y la necesidad que vio en la región de Anantapur, en el sur del país. En lugar de buscar culpables, se marcó como objetivo vital erradicar el sufrimiento de un millón de personas, a las que daría sanidad, educación y vías económicas de desarrollo.

Su vocación, compromiso y solidaridad contagió a miles de personas, que se unieron a su causa con igual devoción, apadrinando a niños a distancia para procurarles un futuro. Tal como afirmaba este hombre admirable: «La acción es una oración sin palabras. La acción buena contiene todas las filosofías, todas las ideologías, todas las religiones».

Humildad y lucidez

La vanidad y el orgullo hunden, mientras que la honestidad y la humildad generan riqueza y florecimiento, revelando lo mejor de cada persona.

De entrada, el vanidoso, el narcisista y el egoísta son ingratos: ni reconocen ni integran al otro, pues solo están interesados en la imagen distorsionada que tienen de sí mismos. Quienes se ocultan tras la autosuficiencia y las corazas inconscientes de sus complejos no reconocen ni aceptan los talentos ajenos. Cuando se refieren a los demás, es para culparles de algo que a ellos les falta.

Estar ciegos mata nuestros sueños.

Y el mal hábito de señalar a los demás, al mundo o a la situación es una forma de no ver lo que no estamos haciendo o lo que podríamos hacer mejor. El dedo que señala al otro está al final del propio brazo. Así que lo inteligente es darle la vuelta a la mano y apuntar al propio pecho. El origen de todo está en ti, te guste o no. Culpar a los demás te aleja de tu poder. Es esa misma mano la que tiene que sacarte las castañas del fuego: tu mano. Tu habilidad. Tu actitud. Tu Mentalidad Buena Suerte.

Humildad y acción son dos alas poderosísimas. Por ello, disiento de quienes consideran la humildad como falsa modestia. De hecho, si no es honesta, no es humildad. Si recuperamos de nuevo la etimología de 'humildad' y vamos más allá, nos remitiremos al humus, a la tierra donde germina la vida y adonde esta vuelve tras extinguirse y recomenzar el ciclo sin fin. Humus es abono. Y siendo humildes, abonamos nuestra vida para lograr lo que nos da sentido.

Por eso mismo, te invito a que reconozcas todo lo que tu alegría y felicidad debe a los demás, más que verter en ellos tus miedos y frustraciones. La humildad te abrirá siempre nuevos senderos para aprender, te permitirá disfrutar del altruismo y empaparte de la sabiduría de los que actúan a modo de inspiración.

EJERCICIO PRÁCTICO:

Admiración cotidiana

Encuentra cada día una persona en la que descubras algo admirable.

Analiza el hecho, la actitud o el gesto que provoca tu admiración.

¿Cuán cerca o lejos estás de esa virtud?

¿De qué manera puedes cultivarla para aproximarte a esta persona admirable?

Procura rodearte en tu círculo más próximo de personas que te resulten dignas de admiración, pues serán un buen estímulo para mejorar y perfeccionarte.

20. LA SABIDURÍA DEL ESTOICISMO

La historia de la humanidad es una sucesión interminable de éxitos y de fracasos. Ha habido grandes talentos que han sufrido la incomprensión y el ostracismo, pero han seguido adelante gracias a su longanimidad y confianza.

En este río turbulento de la historia, la filosofía siempre ha orientado y registrado el espíritu de cada época, buscando un sentido y una claridad que nos ayuden en el arte de vivir.

Ayer, hoy y siempre, pasamos por momentos en los que la vida nos abruma o incluso nos supera, cuando se producen eventos que desbaratan nuestros planes. Hay tiempos en los que las dificultades nos desesperan y buscamos salidas a la frustración.

Pero esto no es algo de ahora. El ser humano siempre se ha enfrentado a cambios y desafíos que le ponen a prueba.

Una filosofía extremadamente útil y práctica

El estoicismo es una escuela de pensamiento cuyos inicios se sitúan en el siglo III a.C. Todavía hoy nos ofrece una practicidad inusitada para vivir sin angustias dentro de la incertidumbre, más de dos milenios después.

Los estoicos, entre cuyos exponentes posteriores tenemos a los romanos Séneca y Marco Aurelio, así como al grecolatino Epicteto, promulgaban que la base del equilibrio personal está en *saber distinguir lo que depende de nosotros de lo que está fuera de nuestro control*.

En la primera categoría estarían las pasiones, los hábitos y las emociones perjudiciales para nuestra felicidad.

Los estoicos sostenían que *no sufrimos por los hechos en sí, sino por la percepción que tenemos de esos hechos*. Y no se trata de eliminar o suprimir estas emociones, sino de confrontar los hechos con serenidad, así como los pensamientos que nos incomodan.

Para Séneca, que vivió en Córdoba en el primer siglo de nuestra era, la felicidad empieza en uno mismo y se sustenta en la sencillez. Esto es algo que Epicteto, que un siglo después pasó su infancia en Roma como esclavo, explica como *eudaimonía*: buscar la felicidad a través del autoconocimiento, la consciencia y la aceptación. Sus sabias palabras resultan tan válidas y vigentes hoy como hace dos mil años: «En cuanto a todas las cosas que existen en el mundo, unas dependen de nosotros, otras no dependen de nosotros.

De nosotros dependen: nuestras opiniones, nuestros movimientos, nuestros deseos, nuestras inclinaciones, nuestras aversiones; en pocas palabras, todas nuestras acciones.

Las cosas que no dependen de nosotros son: el cuerpo, los bienes, la reputación, la honra; en una palabra, todo lo que no es nuestra propia acción.

Las cosas que dependen de nosotros son por naturaleza libres, nada puede detenerlas ni obstaculizarlas; las que no dependen de nosotros son débiles, esclavas, dependientes, sujetas a mil obstáculos y a mil inconvenientes, y enteramente ajenas».

Lecciones prácticas del estoicismo

Los filósofos de esta escuela sostienen que, para tener una vida serena y feliz, es esencial *entender lo que podemos cambiar para mejorar, aceptando lo que no podemos cambiar*, de modo que podamos vivir con ello en paz.

A partir de la práctica cotidiana, comprendiendo la vida y nuestras emociones, podremos sintonizar con la felicidad. Algunas enseñanzas que podemos destacar del estoicismo:

1. **Controla tu reacción si no puedes controlar los acontecimientos.** Esto implica separar lo que nos pasa de nuestra respuesta emocional. Los estoicos insisten en distinguir lo que podemos controlar de lo que no, asumiendo que solo podemos gestionar lo primero. El filósofo Massimo Pigliucci añade que *lo único controlable son nuestros valores y opiniones*. Es decir, nuestro

fuero interno. Por lo tanto, es absurdo sentirnos mal por lo externo que queda fuera de nuestro control.

2. **Presente, presencia, consciencia.** Piensa antes de actuar, rígete por la razón. Marco Aurelio nos recuerda que el malestar procede de nuestra valoración de un determinado acontecimiento y que, para detener la espiral de angustia e impotencia, debemos tomar consciencia, reflexionar y decidir cómo queremos reaccionar de manera positiva, en lugar de dejarnos llevar por el impulso. Como remarcaría Viktor Frankl a mediados del siglo XX, la libertad del ser humano radica en elegir su respuesta ante los acontecimientos.
3. ***Carpe diem*, aprovecha tus días y tus horas.** Séneca aconsejaba disfrutar del presente sin estar ansiosos por el futuro. Esta enseñanza es a menudo banalizada, ya que se toma como un canto a vivir de manera irresponsable y sin pensar en el mañana, cuando en realidad apela a otra cosa: a *no esperar a mañana para construir la felicidad.*
4. **Céntrate en lo importante.** Lo fundamental, a fin de cuentas, es ser feliz y estar en paz con uno mismo para así poder crear felicidad y paz en los demás. Y eso solo depende de uno mismo. La felicidad conduce al éxito y, al mismo tiempo, no hay mayor éxito que ser feliz. Para ello, no debemos dejar que la negatividad y lo

incontrolable contaminen nuestro sentir y nuestro propósito vital. Se trata de tomar control de uno mismo y no perder de vista nuestra hoja de ruta.

5. **En la vida hay épocas de todo.** Otra práctica estoica es definir nuestros miedos, lo que contribuye a que podamos manejarlos de modo que no nos condicionen. Entender que la vida es una montaña rusa, que los días no son iguales, sino que hay periodos de luz y de oscuridad, nos ayudará a cultivar la templanza, un valor muy apreciado por los estoicos.
6. **Cada día es un nuevo comienzo.** La vida es breve y todos sabemos que un día vamos a morir. Sin embargo, como indica Snoopy a Charlie Brown en una célebre viñeta, «el resto de los días, no». Volviendo a la esencia del estoicismo: no sabemos cuándo vamos a morir, pero sí podemos decidir cómo aprovechar cada día de nuestra vida. Porque con cada amanecer renacemos y nos es ofrecido un cheque en blanco para vivir. Si vivimos cada día como si fuera el último, apreciaremos y obtendremos preciosos momentos de vida cotidianamente.
7. **Cultiva valores que una vez incorporados como hábitos hagan de ti una persona virtuosa.** Coraje, responsabilidad, propósito, humildad, generosidad, rigor, gratitud, disciplina,

amabilidad, disposición, corrección, autocontrol, justicia... El estoicismo nos lo deja muy claro: una vida buena es aquella que vivimos de acuerdo con la razón y cultivando nuestras virtudes.

8. **Mantén una mente abierta y practica la buena disposición a aprender de los demás.** Fijarnos y aprender de personas con grandeza nos lleva a la grandeza. Para ello es necesario observar cuidadosamente su ejemplo de vida. ¿Cómo lo hacen? ¿Qué hacen exactamente? Además de observar a quien admiramos, el ejercicio de preguntarles para aprender de ellos, pedirles consejos o recomendaciones nos abrirá constantemente nuestras alas.

La filosofía del estoicismo ha calado tanto en nuestra cultura que el adjetivo «estoico» se utiliza para calificar a alguien que soporta con serenidad cualquier dificultad o imprevisto. Pero ser estoico, como vemos, es mucho más que eso.

Tenemos muchos ejemplos de actitudes estoicas en el mundo. Desde los damnificados de grandes catástrofes a los desplazados por la guerra, o quienes cada día levantan con buen ánimo a su familia o a su empresa.

Ocuparnos de lo que depende de nosotros y no dejarnos vapulear por los impulsos y las emociones es una sabia —y estoica— manera de vivir que, si te la aplicas de verdad y con rigor te llevará, y te hablo por mi propia experiencia y por la acción observada en otras personas muy afines al estoicismo, a ser una verdadera o un verdadero creador de Buena Suerte.

EJERCICIO PRÁCTICO:

El filtro estoico

Cada vez que algo te altere, irrite o entristezca, hazte la pregunta: ¿esto que sucede depende de mí?

Si la respuesta es afirmativa, pon remedio con los recursos que tengas ahora mismo.

Si es negativa, deja de apegarte a lo sucedido y céntrate en cosas que sí puedas controlar, como tu estado emocional.

En caso de dificultad, sal a pasear o a correr, o haz cualquier cosa que te devuelva la tranquilidad y la lucidez mental para identificar qué está en tu mano cambiar para mejorar.

En las próximas diez lecciones verás la importancia de construir tu identidad desde las elecciones conscientes que realices cada día.

Porque tu identidad es flexible y moldeable, y la defines y la moldeas tú.

Verás cómo tu Buena Suerte reside en ti, porque, si así lo decides, eres no solo la causa de tu Buena Suerte, sino un manantial de Buena Suerte para los demás.

TERCERA PARTE

Tercera hoja de tu trébol de la Buena Suerte

TU IDENTIDAD: ERES LA NIÑA O EL NIÑO DE TU FUTURO

21. NO TE ALEJES DE LAS PERSONAS NEGATIVAS... ¡HUYE DE ELLAS A LA VELOCIDAD DE LA LUZ!

A la hora de emprender un proyecto, un sueño o un cambio personal hay que evitar los agentes de destrucción masiva de ilusiones. Me refiero a esas personas que te siembran dudas desde su miedo o envidia, que retrasan tu proceso por su propia pereza y cinismo, y te boicotean con su negatividad constante.

Podríamos equiparar su influencia a la de un suceso desafortunado, con la salvedad de que los acontecimientos pueden formar parte del azar, mientras que las personas que nos acompañan dependen de nuestro criterio de elección.

El victimismo y el inmovilismo de otros genera un freno en nosotros, ya que por contagio emocional nos pueden llevar a su terreno. Los pesimistas no solo no nos impulsan, sino que nos mantienen sujetos a lugares —físicos y emocionales— donde ya no queremos estar.

Como decía Jim Rohn en su famosa conferencia: «Eres la media de la gente con la que pasas más tiempo».

Si no quieres «bajar nota» en tus resultados vitales, te resultará más fácil eludir a este tipo de personas cuando nada te une a ellas. No obstante, si existe un vínculo emocional, si se trata de familiares o incluso de compañeros de trabajo —o de un jefe—, puede costarte marcar la distancia necesaria para no dejarte arrastrar.

Haciendo un símil empresarial, del mismo modo que nadie sostendría una compañía con pérdidas constantes, lo menos conveniente es sostener relaciones poco o nada nutritivas. Entonces, ¿por qué tratamos en nuestra vida a personas y preservamos lazos que nos generan pérdidas emocionales, económicas, de salud, de alegría... constantes?

Los cuatro jinetes del Apocalipsis

Un ejemplo muy claro lo encontramos en las relaciones de pareja. El psicólogo estadounidense John Gottman explica cómo la negatividad se lleva los valores esenciales de la unión: «Algunas clases de negatividad, si permitimos que escapen a nuestro control, son tan letales para una relación que yo los llamo los cuatro jinetes del Apocalipsis. Generalmente, estos cuatro jinetes cabalgan en el corazón de una pareja en el siguiente orden: críticas, desdén, actitud defensiva y actitud evasiva».

Las personalidades negativas monopolizan la energía, sin ser conscientes del impacto negativo que eso conlleva para sus allegados. Viven inmersas en el conflicto, en la queja y el malestar, y suponen una fuente continua de estrés, ansiedad, angustia y tristeza. A menudo es una cuestión de enfoque existencial, no de maldad. Aun así, causan estragos en las personas que las rodean.

La ciencia ha demostrado el efecto que tienen este tipo de personas en el cerebro humano. Una investigación de la Universidad alemana Friedrich Schiller concluyó que la exposición a estímulos estresantes afecta al hipocampo, el área del cerebro encargada de la memoria y el razonamiento. La negatividad altera el funcionamiento neuronal y destruye células a medio y largo plazo.

Todo un aviso a la hora de gestionar y especialmente de elegir bien tus relaciones.

Te invito a que estés alerta para detectar a los ladrones de energía y entusiasmo. Algunas pistas que te ayudarán a identificarlos son:

- Mantienen una actitud dominantemente crítica y negativa.
- Les encanta hacerte sentir culpable o inferior.
- Invaden tus límites, te exigen, te presionan y te violentan.

* Se quejan constantemente (eso incluye muecas, resoplidos, miradas de desprecio y un largo repertorio de actitudes pasivo-agresivas).
* Son egoístas (se ponen por delante de los demás, ellos son los primeros que merecen tener y recibir), egocéntricos (todo gira alrededor de ellos y no tienen en cuenta las perspectivas de otras personas) y egotistas (tienen un exceso tan grande de autoestima que caen en el narcisismo, considerándose siempre mejores que los demás).
* Siempre buscan la atención (y si puede ser a través del drama, mejor).
* No asumen la responsabilidad de sus acciones y su dedo siempre apunta hacia otro/s.
* Tienden a ser claramente pesimistas y a enfocarse en el lado negativo de las cosas.
* Juegan constantemente a buscar defectos en los demás.
* Son arrogantes, altivos y despreciativos.
* Son «pinchaglobos». Les encanta frustrar los proyectos e ilusiones de los demás, normalmente por celos y envidia.

Cuando sientas que alguno de estos ladrones de energía te agota o te va a hacer explotar, cuando su presencia mine tu autoestima, cuando te culpe de todo sin aceptar su responsabilidad, cuando te incomode y te robe tu paz y tu serenidad, es hora de cortar el cordón umbilical ficticio que te conecta a esa persona. *Un «no» a tiempo hacia alguien que te empequeñece es un «sí» para la expansión de tu propia vida*. En serio: muchas personas desarrollan graves enfermedades e incluso mueren por no librarse a tiempo de personajes así.

Menos por menos es más

No me cansaré de repetir la fórmula matemática que dice que menos por menos es más:

$$- \times - = +$$

La multiplicación de dos números de signo negativo da lugar a un número positivo, o dicho simple y llanamente: *cuando reduces lo que te reduce, creces*.

Un cambio trascendental en tu vida se produce cuando adquieres la valentía de decir «No» a alguien o a algo que atenta contra tu dignidad, tu singularidad y tus deseos más profundos. Un «No» a quien te reduce, te desprecia o subestima es un «Sí» a tu libertad, a ti mismo, a tu vida.

Al reafirmarte y hacerte valer, todo cambia. Tus posibilidades florecen en el momento que desechas las creencias contaminantes y limitantes que los demás vierten sobre ti.

Las buenas relaciones crean buena vida. En el extremo contrario, cuando se trata de personas negativas o pesimistas, una pregunta que nos hacemos es: ¿pueden cambiar las personas?

Como decían los estoicos, esa responsabilidad no nos corresponde a nosotros. *Tú no puedes cambiar lo que no te pertenece*. Si tienes claro este principio, te librarás de cientos de batallas estériles a lo largo de tu vida. Tú puedes invitar a que otra persona cambie, apoyarla y ayudarla si te lo pide, consolarla y acompañarla, pero la decisión de cambiar nace de uno mismo. Tú no puedes desarrollar músculo por otro. Es obvio.

Pero sí que eres responsable de tu salud mental y de tu tono emocional. Eres responsable de las relaciones que eliges y sostienes, porque estas afectan a tu calidad de vida. Las relaciones son como el aire, el agua o los alimentos: pueden intoxicarte, o incluso matarte, o pueden sanarte y hacerte crecer. Tú eliges con quién bailas el baile de tu vida. Procura que en ese baile no te pisen demasiado.

EJERCICIO PRÁCTICO:

Test de calidad relacional

Si quieres valorar el aporte de una persona a tu vida, pregúntate:

1. ¿Me siento escuchado por esta persona o, por el contrario, solo quiere hablar de sí misma?
2. ¿Me apoya en mis planes y sueños o, por el contrario, me agota con sus «peros» y sus «noes» y siento que me quita energía y poder?
3. ¿Me siento mejor y más animado tras haber pasado tiempo con él o ella o, por el contrario, me fatiga, me violenta y vacía mi energía y entusiasmo?

Según tus propias respuestas, podrás valorar la idoneidad de esta persona en tu vida.

22. EL PRINCIPIO DE MAYA ANGELOU

La extraordinaria vida de Marguerite Annie Johnson, conocida por el apelativo cariñoso que le daba su hermano, Maya, ha dejado una huella indeleble y maravillosa en varias generaciones.

A pesar de no tener ningún título universitario y de haber sufrido abusos sexuales de niña —algo que le causaría un trauma de mutismo selectivo durante cinco años—, esta mujer fue pionera en muchos campos. Ejemplo incombustible de resiliencia, más allá de quedarse anclada al trauma, fue actriz, poeta, conductora de tranvía y activista, entre muchas otras situaciones vitales.

Además de autora del clásico *Yo sé por qué canta el pájaro enjaulado*, donde cuenta su vida, Maya fue una líder social. Defendió los derechos civiles y la igualdad y, para nuestra fortuna, sus valores y aprendizajes la han sobrevivido.

Una lección fundamental

Entre sus visiones, rescatamos un principio transformador para crear tu Mentalidad Buena Suerte: «La gente olvidará lo que dijiste o hiciste, pero nunca olvidará cómo la hiciste sentir».

¡Qué importante es entender esto! Tu huella emocional es el legado que dejas a los demás. El pensamiento lleva a la conclusión, pero el sentimiento es el trampolín hacia la acción. Y si generas emociones, sentimientos y estados de ánimo positivos en los demás, las personas no solo no te olvidarán, sino que desearán tenerte cerca porque serás fuente de inspiración y de sentido.

Gandhi decía que «un cobarde es incapaz de mostrar amor, ya que hacerlo está reservado para los valientes».

La pregunta fundamental entonces es: ¿cómo haces sentir a cada persona con la que te encuentras y te relacionas? ¿Lo has pensado alguna vez? ¿Qué huella dejas en los demás?

Para Alejandro Jodorowsky, la generosidad es la clave. En sus propias palabras: «Lo que das, te lo das. Lo que no das, te lo quitas». Esta es una ley especialmente significativa en el plano emocional.

Expresar tu afecto, saber escuchar, hacerte cargo de las preocupaciones del otro, comprender, cultivar el detalle, acompañar, acariciar... son actos de entrega cargados de valor y significado. Y cabe decir que en estos actos a veces las palabras y las demostraciones obvias son irrelevantes, siguiendo el hilo de pensamiento de Maya Angelou. Nos quedamos con la espontaneidad, la amabilidad y la ternura.

En el campo de las emociones, *dejar huella es sembrar semillas de buena vida y de Buena Suerte*.

Claves para dejar huella

El poeta Hamlet Lima Quintana tiene preciosas imágenes para descubrir a la gente que marca la diferencia en esa dimensión. Propongo un par de estrofas de su poema Gente:

Hay gente que con solo abrir la boca
llega a todos los límites del alma,
alimenta una flor, inventa sueños,
hace cantar el vino en las tinajas,
y se queda después, como si nada.
Y uno se va de novio con la vida
desterrando una muerte solitaria,
pues sabe que a la vuelta de la esquina
hay gente que es así, tan necesaria.

Por nuestra parte, para llevar la MBS a lo emocional, podemos enumerar algunos valores que caracterizan a las personas que siembran, en ellos y en los demás:

* **Amabilidad.** Es una virtud que abre todas las puertas. La persona auténticamente amable no invade, no molesta, articula su disposición al prójimo y al mundo desde el respeto. Promueve la cordialidad frente a la apatía, crea un puente de afinidad hacia el otro y hacia el mundo.

- **Escucha activa.** «La palabra es el arma más poderosa», decía Ramon Llull, cargado de criterio. Somos humanos gracias al don del uso de la palabra. Pero, para hablar bien, antes es esencial saber escuchar, atender al alma del otro, en silencio, con interés genuino.
- **Respeto.** El amor es un cuidado constante, implica querer lo mejor para el otro y contribuir a que lo consiga. Más allá del amor fraternal o romántico, significa velar por el proyecto vital de los demás, por sus preferencias y particularidades, aunque no coincidan con las nuestras.
- **Empatía.** El camino desde el Yo hasta el Nosotros se apoya en la solidaridad, en la empatía, en dar y recibir. Es entender que la otra persona libra su propia batalla, como decía Platón, y vive el mundo desde sus propias experiencias y cargas vitales.
- **No entrar al rescate invasivo.** Conectado con lo anterior, es conveniente, si queremos que el valor del otro florezca y cultive la longanimidad, abandonar el papel de rescatadores al ataque o de salvadores invasivos. Por eso, debemos aprender a acompañar sin robar la posibilidad de que el otro se convierta en héroe por sí mismo y desarrolle sus fortalezas por sí mismo, sabiendo que puede contar con nosotros.
- **Rigor.** Es imposible contribuir al progreso ajeno sin transmitir disciplina, buenos hábitos, voluntad

y autoexigencia. Friedrich Nietzsche decía que un buen amigo ha de ser una cama dura, de campaña, para ayudarle a ganar sus propias batallas.

* **Calidez.** Todos tenemos cada día decenas de pequeños y grandes contactos con los demás. Nuestro reto es conseguir que su vida sea un poco mejor después de haber estado con nosotros. Nuestra grandeza nace de la calidez. Estamos capacitados para mejorar muchas vidas, empezando por la propia y la de quienes tenemos cerca.

EJERCICIO PRÁCTICO:

Una decisión vital

En el capítulo 18 te ponía el ejemplo de cómo un camarero y un café pueden amargarte o alegrarte el día.

Retomo aquí el ejemplo del camarero, extraído de nuestro libro *El laberinto de la felicidad*, coescrito junto a Francesc Miralles, en el que en un capítulo titulado «El secreto del camarero» un camarero explica a la protagonista de la historia, Ariadna, una chica que se ha perdido dentro de un laberinto, que incluso en su humilde oficio de camarero, con cada servicio toma una decisión vital entre tres opciones. Puedes aplicar esto mismo a cualquier interacción humana que tengas:

1. Si tratas al prójimo con indiferencia, el resultado es neutro. El otro se va igual que ha venido. Habrás generado indiferencia.

2. Si lo tratas mal, restas felicidad a su vida. Habrás perdido un cliente.

3. Si lo tratas bien, haciéndole sentir como alguien afortunado, le sumas felicidad y volverá a menudo. Habrás ganado un cliente fiel y, quizá, un amigo.

¿Cuál de las tres opciones eliges que sea tu estilo de relacionarte con los demás?

23. LOS PREJUICIOS ESTERILIZAN, EL CORAJE VITAMINA

Andar ligero de equipaje por la vida es un requisito de tu Mentalidad Buena Suerte, ya que eso te facilitará la consecución de tus objetivos y tu transformación personal.

En ese sentido, el mayor fardo no es el que cargas físicamente, sino los obstáculos que llegas a poner en la mente. Muchas personas llevan a cuestas una pesada mochila vital que tiene que ver con la inercia, el miedo, la urgencia u otros lastres.

Esto hace que, sin haber logrado nada, sientan que no pueden con todo, como el titán Atlas sosteniendo la bóveda celeste, castigado por el dios Zeus.

¿Cómo podemos aligerar peso para vivir la existencia que soñamos y merecemos?

Vamos a ocuparnos de eso.

¿Qué prejuicios tienes contra ti?

La palabra *prejuicio*, pre-juicio, ya lo dice todo: es juzgar antes de que conocer aquello que juzgamos. Eso se aplica a nuestra visión del mundo, de los demás y de uno mismo.

Una persona que se dice, por ejemplo, «jamás voy a encontrar el amor. No estoy hecho para esto», en realidad está expresando un prejuicio. Puesto que no conoce a las personas que pueden llegar a su vida, y los cambios que se van a operar en sí misma, esa sentencia no tiene ningún sentido.

No obstante, basta con albergar ese prejuicio en tu vida para ser esclavo de él. Esto me hace pensar en una parábola hindú:

> Un discípulo acudió a su maestro lleno de angustia y le preguntó:
>
> —¿Cómo puedo liberarme, maestro?
>
> A lo que el maestro contestó:
>
> —Amigo mío, ¿y quién te ata?

Es habitual creer que estamos atados de pies y manos por el destino, por la mala suerte, por las pocas oportunidades que se nos presentan, por, de nuevo, la vida en bucle de lo urgente y de la inercia.

Pero ¿lo estamos, realmente?

Los prejuicios y las creencias que tenemos sobre nosotros mismos, sobre los demás o sobre la vida pueden ser un verdadero lastre en el camino de vivir. Destruyen encuentros que podrían ser providenciales, aprendizajes necesarios y experiencias reveladoras.

Por eso, desnudarse de prejuicios es un ejercicio sumamente saludable que nos abre un universo de posibilidades de relación. En el capítulo 25 hablaremos con detalle de ello.

No vives a la altura de tus capacidades, sino a la altura de tus creencias

Las creencias nos definen y pueden ser mordazas para el cambio. Por esa razón, *no vivimos a la altura de nuestras capacidades, sino de nuestras creencias.*

Los prejuicios acaban por esterilizar la tierra en la que podríamos sembrar prosperidad.

Por ejemplo, si das por sentado que nunca podrás motivar a un equipo, te costará horrores compartir ideas y hablar en público. Preferirás delegar cualquier gesto de liderazgo antes que exponerte. Es tal la seguridad de que harás el ridículo o de que todo saldrá mal que puedes estar privando al grupo de una oportunidad para innovar. O incluso acabarás por ser un sujeto pasivo en tu trabajo.

Los prejuicios limitan no solo nuestro mundo, sino el de nuestros colaboradores, amigos y familiares. Tal vez resulte más cómodo y seguro estar en la trinchera de las creencias castrantes, pero al final nos robarán la energía para poder hacer la vida que deseamos.

Contra esa clase de lastre mental que condiciona nuestra vida, existen dos ingredientes básicos: *conciencia* y *coraje.*

Conciencia para darnos cuenta de las falsedades que nos estamos diciendo.

Coraje para empezar a vivir de un modo distinto.

Valentía y consciencia

La escritora Louise Hay nos daba esta lúcida clave: «Aprendemos nuestros sistemas de creencias siendo niños muy pequeños, y luego nos movemos por la vida creando experiencias para que coincidan con nuestras creencias».

Lo curioso es que el prejuicio puede ser positivo o negativo, pero nos solemos aferrar a las peores ideas para (mal)vivir. Es lo que en psicología se llama *sesgo negativo*. Las malas noticias se graban con más intensidad que las buenas porque, en nuestro origen como especie, eran más importantes para la supervivencia.

Sin embargo, es absurdo que ese sesgo se aplique a mensajes mentales que no tienen ninguna base en la realidad.

La medicina para este mal se encuentra en el coraje. En capítulos anteriores hemos visto que *el coraje es un valor que genera un cambio de consciencia, de atrevimiento y de vida*.

El coraje nos mueve porque creemos que lo que queremos cambiar y construir tiene sentido. Tanto, que nos ayuda a enfrentarnos al miedo, vencer imposibles y transformarnos en quienes anhelamos. *El coraje es el combustible para la alquimia interior.*

La autora de la novela *Mujercitas*, Louisa May Alcott, no vio otro valor más digno y admirable para crear a sus ya eternos personajes: «El que cree es fuerte; el que duda es débil. Las fuertes convicciones preceden a las grandes acciones».

Louisa empezó a escribir relatos para contribuir a la economía familiar. Le encargaron una novela para adolescentes y, en un tiempo en el que la mujer no tenía acceso al voto ni derechos sociales, decidió contar una historia muy similar a su propia vivencia. Sus mujercitas, las hermanas Jo, Beth, Amy y Meg, tienen grandes sueños a pesar de su pobreza. Aunque se trata de ficción, la autora eligió mostrar el contexto real en lugar de idealizar la vida de las chicas. Entre ellas, Jo March se ha convertido en un referente de coraje e inspiración. Ya en aquella época, aspira a pensar y decidir libremente su destino, superando prejuicios ajenos y reafirmándose en sus deseos.

Terminaré este capítulo con una inspiración de esta obra clásica de la literatura popular que nos devuelve al tema de este capítulo:

> Todos llevamos cargas, tenemos un camino por recorrer y nuestro anhelo de hacer el bien y alcanzar la felicidad nos guía para superar los contratiempos y los errores que nos separan de la paz.

EJERCICIO PRÁCTICO:

Suelta tus lastres

1. Toma conciencia de lo que te dices sobre las limitaciones o sinsabores de la vida. Visualiza que es un lastre que dejas caer en un abismo.
2. Toma conciencia de lo que te dices sobre el mundo, sobre los demás, sobre la gente que te rodea. Suelta el lastre del mismo modo.
3. Por último, toma conciencia de lo que te dices sobre ti, sobre tus capacidades y merecimientos. Visualiza cómo te deshaces también de este lastre.

24. DE TU VIDA NADIE SABE MÁS QUE TÚ

¿Puedo darte un consejo? Puede parecer paradójico, pero es este: *conviértete en tu mejor consejero.*

Es habitual que busquemos la opinión de terceros para guiarnos o confirmar nuestras intuiciones o conclusiones lógicas. Con todo, ¿no implica eso renunciar a nuestra responsabilidad? ¿Qué te hace pensar que los demás saben más de nuestros deseos y de nuestras metas que nosotros mismos?

Si asumes que la capacidad de escuchar activamente caracteriza a las personas nutritivas, eso también incluye *escucharte activamente a ti mismo*, para nutrirte y descubrir todos los recursos personales de los que dispones.

Un proceso que empieza y acaba en ti

Hablamos de un proceso de indagación al estilo de la mayéutica de Sócrates, pero que empieza y acaba en ti, así como del «conócete a ti mismo», la frase que adornaba la entrada del templo de Apolo en Delfos.

El proceso que te propongo es igual.

Si para aconsejar a otros te informas, preguntas cómo se sienten, qué les inquieta, qué les ha pasado, cómo enfocan sus decisiones y entonces les ayudas a encontrar soluciones, ¿por qué no te aplicas también las bondades de este proceso para obtener el consejo óptimo a tu favor?

Para ello, de vez en cuando es muy bueno que te sientes a reflexionar, recurras a la escritura y hagas un inventario de las opciones y soluciones a tu alcance. No olvides que escribir, fijar y visualizar los pensamientos y las emociones subyacentes es poderosamente terapéutico.

Por un lado, *escribir es cribar*, te permite separar el grano de la paja y centrarte en lo verdaderamente importante.

Por el otro, la escritura es reveladora, ya que permite que aflore lo inconsciente para poder verlo, comprenderlo y actuar.

Si reflexionas y escribes en una libreta que tengas a mano, podrás ver más claro, comprender ya a partir de ahí, decidir, soltar, hacer limpieza, identificar aquello que te sobra o incomoda, así como lo que te falta y requiere ser hecho. Todo lo anterior te ayudará a promover acciones que pueden generar un cambio significativo en tu vida.

Asimismo, cuando adoptas el hábito de escribir, esto te procura un gran placer y el mejor autoconocimiento.

Una soledad elegida y disfrutada

El genial Pablo Picasso dijo en una ocasión: «Recuerda, la única persona que te acompaña toda la vida eres tú mismo. ¡Mantente vivo, hagas lo que hagas!».

Tras la pandemia, The Drum y Adobe pusieron en marcha un estudio para valorar si la soledad del teletrabajo se traduce en una mayor productividad de los empleados. En este estudio se demostró que la soledad es clave para que surjan soluciones creativas, dado que la corteza prefrontal del cerebro, encargada de los pensamientos, se estabiliza y calma en soledad.

En el arte y en la vida, la inspiración de donde nace la acción se llama introspección. Esto que parece un juego de palabras ha sido a lo largo de la historia el lema de las personas que han cambiado paradigmas. El aislamiento positivo forma parte del proceso creativo, y así lo vemos en las aportaciones científicas de grandes genios. Por ejemplo, Ada Lovelace, la hija de Lord Byron, fue la pionera de la programación en los ordenadores al crear el primer algoritmo reconocido como tal. Las notas que dejó por escrito y que recogían miles de horas de reflexiones e ideas le permitieron desarrollar su genialidad y convertirse en una de las grandes precursoras de la informática.

La mente consciente no es capaz de recrear este estado de tranquilidad cuando está expuesta a estímulos. Necesitas a menudo un tiempo a solas para poder dar forma a los sueños que quieres ver realizados en tu vida.

En esta soledad elegida y disfrutada, te propongo algunas pautas que, estoy seguro, pueden servirte de inspiración para que emane tu sabiduría interior:

* **Tómate un café o un té contigo.** Busca esos minutos de placidez y conexión, un momento de pausa placentera para abrir y mantener una conversación contigo, como si estuvieras con alguien muy cercano y querido.
* **Sé tu mejor amistad.** ¿Verdad que es agradable conversar con un amigo íntimo? Pues bien, no hay nadie más íntimo que tú. De tu vida nadie sabe más que tú. Eres quien mejor puede conocerte y, por lo tanto, quien mejor puede comprenderte y amarte. Hay algo con una enorme potencia de transformación interior en esa clase de diálogos contigo que puedes reflejar en un diario y que te sorprenderá lo que pueden dar de sí.
* **Mírate a los ojos con sinceridad y vierte lo que sientes.** En ese diario, no te dejes nada en el tintero. Evita la evitación, valga la redundancia. Confronta con coraje y entereza las emociones que surjan, tanto positivas como negativas. Atrévete a saber dónde está, aquí y ahora, tu vida. Este es el punto de partida de tu nueva aventura.
* **Déjate sentir para poder pensar con claridad.** Sufrimos más por lo que imaginamos que por lo que sucede, y esa vorágine de sentimientos te puede dejar en el limbo de la preocupación y del aplazamiento. Apunta en tu diario las emociones que sientes, qué pensamientos te generan, qué te llevan a desear hacer.

* **Pregúntate cada noche en qué puedes mejorar y ponlo en práctica.** Escribe lo que has conseguido durante el día. Haz un breve balance de lo que te aporta tu acción cotidiana. Te darás cuenta de que, poco a poco, vas logrando más de lo que pensabas y eso será un estímulo para seguir en el camino a tus sueños.
* **Trátate con compasión y amabilidad.** En lugar de ser extremadamente autoexigente e implacable contigo mismo, asume que todos cometemos errores y date el permiso para fallar y aprender de ellos porque es la mejor manera de autoconocerte y de crecer.
* **Respóndete a la pregunta ¿qué necesito?** Las buenas personas tienden a pensar más en el bienestar de los demás que en el suyo propio, de modo que solo se cuidan cuando entran en crisis o enferman. Identifica tus necesidades y satisfácelas. Descansar regularmente, mantener una dieta sana, hacer ejercicio, disfrutar del placer de la música y la lectura, dormir lo suficiente... todo ello facilita tu bienestar y, en consecuencia, tu inspiración, tu salud y tu creatividad.

Ten en cuenta que convertirte en tu mejor amigo o amiga es también un proceso que lleva tiempo, como en el caso de una amistad con otra persona. Fíjate que cuando hablamos de amistad utilizamos los verbos *forjar* o *cultivar* (una amistad), y ambas tareas piden trabajo y atención. A diferencia del enamoramiento, que puede surgir por un flechazo («me enamoré», decimos), nunca decimos me «amigué», porque, tal y como dice mi buen amigo Walter Riso, la amistad no nace de un flechazo, sino de un proceso de irnos conociendo a lo largo del tiempo. Ten en cuenta que eso también se aplica al arte de convertirte en tu mejor amigo. En consecuencia, dedícate tiempo de calidad.

EJERCICIO PRÁCTICO:

¿Cuál es el deseo que quieres alcanzar?

La pionera de los talleres de escritura en español, Silvia Adela Kohan, afirma que «para escribir bien, hay que sentir bien. Y para sentir bien, hay que saber cuál es el deseo que alcanzar en la vida». Una manera de cuidarte, de ser un buen amigo de ti mismo, consiste en preguntarte simplemente:

1. ¿Cuál es mi deseo más profundo?
2. ¿Me estoy dando permiso para hacerlo posible y real?
3. ¿Qué necesito hacer ya mismo para para crear las circunstancias que me permitan verlo realizado?

25. DESBLOQUEA LOS CERROJOS DE TU LIBERTAD VITAL

Muchos años después de publicar *La Buena Suerte*, con mi querido amigo Fernando Trías de Bes escribimos el libro *Las siete llaves* para indagar acerca de qué entendemos por libertad en la vida y cómo conquistarla. Con ese fin, diseccionamos las actitudes y las situaciones que nos encadenan a las personas, para así poder elaborar propuestas que nos procuren esa ansiada libertad vital.

En esencia, concluimos que *la libertad consiste en dejar de ser el resultado del deseo de los demás*. Algunas cuestiones cruciales que surgieron a raíz de ello fueron las siguientes:

- La *falta de asertividad* es la que te impide poner límites a personas que te boicotean o hacen daño.
- El *victimismo* o la *negatividad* minan tu ánimo.
- La importancia de alejar a los *portadores de malas noticias* o a aquellos que, con su *comportamiento tóxico*, socavan tu vida y tus proyectos.
- El reto de desprenderte del *sentimiento de inferioridad* respecto a tus capacidades es clave. Si te liberas de los *no puedo, no soy suficiente o no lo lograré*, despliegas tus alas y vuelas.

* Evita, en la medida en la que te des cuenta, el conocido *burn out*. Cuando te vas quemando por exceso de estrés y ansiedad debido a un trabajo que no te gusta, en el que te maltratan y no te reconocen, no solo estás perdiendo las horas de vida que dedicas a ese trabajo, sino que eso afecta a toda tu vida.

Siete llaves que abren puertas

Si quieres salir de la celda para empezar a vivir una existencia genuina y exitosa, puedes echar mano de siete llaves existenciales que Fernando y yo identificamos: *la del pensamiento, la del juicio, la del logro, la del disfrute, la de la entrega, la de la identidad y la del ser.*

Resumiré a continuación las ideas fundamentales que cada una de estas llaves encierra para derrumbar miedos, prejuicios y obstáculos, de modo que puedas sentirte libre para hacer y vivir:

1. **La llave del pensamiento.** Es la que controla la entrada y la salida en tu vida de falsas creencias que te amordazan. Estas creencias determinan una postura existencial de *confianza o derrotismo.* Esta llave te permite librarte de estas creencias y adquirir un sentido de la realidad sin resistencia al cambio. *Creas en función de lo que crees.*
2. **La llave del juicio.** Te alerta de cuándo una norma atenta contra tu dignidad y necesitas ser

valiente para no dejarte engañar. Supone *alinear pensamiento, palabra y acción*, así como establecer límites para resguardar tu bienestar.

3. **La llave del logro.** Te muestra que, si mantienes percepciones distorsionadas de la realidad, te invaden miedos infundados. *Bajo el estado de miedo, confundes lo posible con lo probable*, como vimos en el primer capítulo. Esta llave te trae información y formación para combatir ese miedo, poder planificar y arriesgarte para lograr tu transformación vital.
4. **La llave del disfrute.** Evidencia que *hay culpas que te someten y que en realidad no son tuyas, pero te hicieron creer que lo eran. Esas culpas te impiden gozar de la vida*, pues todos cargamos con fardos ajenos pensando que no hacerlo es egoísmo. En este punto, *no eres egoísta si decides quitarte de encima culpas que no te pertenecen y eso te supone acabar con determinadas relaciones muy contaminantes*. Es necesario hacer el ejercicio de devolverle su carga a quien nos ha querido endosar una culpa que no es nuestra, es decir, devolver la responsabilidad a quien en verdad le pertenece. Se trata también de aprender a vivir asumiendo que no puedes pasarte la vida cargando con pesos en la espalda que no son tuyos.
5. **La llave de la entrega.** Se refiere al *acto liberador de decir «no»*, y de no creer en la indignación del otro por decidir no apoyarle si sientes que sus demandas

son excesivas, agotadoras y constantes. *Tu entrega en la vida debe ser libre* y no puede quedar condicionada por las manipulaciones emocionales de otros.

6. **La llave de la identidad.** Nos reafirma en la idea de que *no somos las etiquetas ni las frustraciones que otros proyectan en nosotros*. Eres un ser libre y cambiante que puede *descreer las atribuciones limitantes que nos colocan desde la infancia (por ejemplo, eres torpe, eres incapaz, no lograrás superarte, eres como tal persona, etc.)*. Tu personalidad no tiene por qué modelarse en función de cómo te definen los demás, sino que eres tú quien decide cómo definirse, mejorar y vivir. Es necesario, por tanto, alimentar la autoestima a partir de una misma o uno mismo y dejar de ser esclavos de la aprobación de otros que, a veces, no nos quieren bien.
7. **La llave del ser.** *Darte permisos es la mejor de las terapias*. Ante un mandato que otros te imponen y que te descoloca, que te condiciona y te limita (*no hagas, no digas, no seas, no pienses, no lo logres, no existas, no te permitas...*), puedes recuperar tu esencia renunciando a la imposición ajena y dándote permisos que anulen estos mandatos (*puedo hacer, puedo decir, puedo ser, puedo pensar, puedo lograr, puedo existir, puedo permitirme...*).

Quien te ame valorará y respetará e incluso admirará tus procesos de crecimiento y autodeterminación. Quien no te quiera verá en tu desarrollo un espejo incómodo en el que se reflejan sus propias perezas, envidias y miserias.

Vengan de dentro o de fuera de nosotros, todos estos agentes limitadores son una cárcel para tu Mentalidad Buena Suerte. Tú puedes, y me atrevo a decir que DEBES, vivir tu vida de la manera que elijas sin impedimentos externos injustamente impuestos, pero también sin impedimentos que consciente o inconscientemente te autoimpongas a partir de falsas creencias que te limiten.

Tu libertad vital es la capacidad que tienes (y que puedes desarrollar constantemente a lo largo de tu vida) de vivir de acuerdo con tus propias elecciones y deseos sin restricciones impuestas desde el exterior. Sin el cultivo de tu libertad vital no son posibles la felicidad ni el bienestar psicológico.

¡Cuántas personas viven vidas dentro de una jaula en la que ellas mismas se han cerrado sin darse cuenta, y en la que, además, no hay ningún candado que cierre la puerta de esa jaula! Porque la libertad es una puerta que se abre desde dentro.

EJERCICIO PRÁCTICO:

¿Cuántas llaves tienes en tu poder?

1. Examina cada una de las siete llaves que acabas de ver.
2. ¿Cuántas de ellas tienes ya para escapar de la celda de los miedos y empezar a vivir?
3. ¿Cuáles te faltan y cómo puedes hacerte con ellas?
4. Busca para cada una de las llaves que te faltan una pequeña misión diaria que te permita integrarlas en tu vida.

26. LA VÍA DEL KAIZEN

¿Tiendes a emprender demasiadas cosas y te acabas perdiendo? ¿Sientes que a veces haces de todo y no terminas nada?

Si tu respuesta es afirmativa, formas parte de los que recorren la vía del Kaizen, que inspira este capítulo. Para crear tu MBS, el primer paso será comprender por qué tanto esfuerzo no te premia.

Todo es cuestión de prioridades y hábitos.

La oportunidad espera a que establezcas prioridades y cultives hábitos, que no es más que repetir una acción hasta que quede integrada en tu rutina con fluidez.

Es cierto que la prioridad es un elemento subjetivo, puesto que cada uno da importancia a lo que le resuena como más necesario para su momento vital. Para unos, la carrera profesional se antepone al éxito social o a la calidad de sus relaciones familiares o de pareja. Para otros, el trabajo es solo una ocupación. No estoy cuestionando esta subjetividad, pero hay que ser consecuente al establecer nuestras prioridades si pretendemos progresar.

¿Cuáles son tus prioridades?

Empezar a priorizar implica luchar contra una rutina que parece inamovible. De repente, lo que es importante para ti se pone a la cabeza de la lista y lo rutinario queda aplazado para convertirse tal vez más tarde en urgencia.

De ahí que para marcar prioridades sea recomendable repensar la rutina a fin de llegar a un punto medio que te permita fluir.

En el otro extremo, una vida sin prioridades es un caos de intentos, de propósitos fallidos. Indica que no tenemos claras nuestras metas y por eso nos esforzamos en vano, a la vez que descuidamos asuntos importantes.

Según Stephen Covey, autor de *Los siete hábitos de la gente altamente efectiva* —un libro magnífico—, ser realista y consciente es fundamental a la hora de organizarnos. Entre los siete hábitos elegidos por este autor, quiero destacar y recordar tres:

- **Proactividad.** Se trata de desarrollar el hábito de actuar en lugar de reaccionar: ser causa en lugar de ser efecto; movilizarte, anticiparte y arriesgarte en lugar de esperar a que las situaciones de cambio te vengan impuestas. En suma: tú mismo eres la causa de la transformación. Como decía Gandhi, «sé el cambio que quieres ver en el mundo». Y como decimos en el libro de *La Buena Suerte*, «tú eres la causa de tu Buena Suerte».
- **Tener una meta y visualizarla** o, como dice Covey, *tener una misión en la vida*. Define tu pro-

pósito vital, tu *ikigai* como dirían los japoneses, porque esto te ayudará a concretar tus percepciones y tus principios y valores.

- **Poner primero lo que está primero.** Es decir: establecer prioridades. Diferenciar lo que es realmente importante de lo que no lo es, saber ser selectivos al gestionar nuestro tiempo de manera que no dejemos de hacer lo primordial por tareas o funciones que no nos aportan valor.

La vía del Kaizen

Pensar y actuar desde otra postura vital requiere de práctica para incorporarla a nuestro día a día. Para conseguirlo poco a poco, quiero compartir contigo algunas claves del Kaizen, un poderoso concepto también japonés cuyo significado se traduce como «cambio para bien» o «mejora continua».

Esta filosofía nos recuerda que un 1 % diario de incremento implica un progreso del 100 % en menos de tres meses. De hecho, como es un trabajo acumulativo, si mejoras diariamente un 1 % cada día con respecto al día anterior, alcanzarás, por crecimiento sostenido, el 100 % de progreso en apenas setenta días porque los progresos se van acumulando unos sobre otros.

Masaaki Imai, el gran referente del Kaizen, describe así la esencia de esta filosofía:

1. «El punto de partida de toda mejora es reconocer su necesidad. Y para ello hay que reconocer el problema.» Todo empieza por no conformarnos. Una mirada crítica y humilde nos ayudará a detectar los problemas y a empezar a solucionarlos.
2. «El Kaizen es mejora diaria, es mejora para todo el mundo, es mejora en cualquier parte.» Eso conlleva aplicar voluntad de superación a todos los ámbitos de nuestra vida, en cada cosa que hacemos, en toda situación y compañía.
3. «Cuando resuelvas un problema, verás diez problemas más.» La mejora nunca termina porque siempre hay margen para ir más allá.
4. «No esperes la solución perfecta.» Pues no existe. No nos bloqueemos por analizar en exceso; experimentemos con soluciones provisionales y sigamos avanzando.
5. «El progreso es imposible sin la habilidad de reconocer errores.» Del mismo modo que hay que saber ver el problema para encontrar una solución, debemos dirigir la exigencia hacia nosotros mismos. Buscar *feedback*, prestar atención a la opinión de los demás, también es útil para hallar ámbitos de mejora.

Hábitos atómicos

Al progresar paulatinamente a diario, pones los ladrillos para edificar tus objetivos. Así, trabajas 100 %

en línea con tu Mentalidad Buena Suerte, la de *creer, cultivar, crear y lograr*.

En este punto, es vital entender que los hábitos son las semillas de la transformación. De este modo, hasta los cambios más modestos, con un enfoque Kaizen, pueden procurar resultados extraordinarios.

Introducir un buen hábito y mantenerlo repercute en la mejora continua, en oposición a la actual cultura de la inmediatez, que no nos lleva a ningún sitio. Seguir una dieta saludable, hacer ejercicio cada día, por ejemplo, ¿no son hábitos que a la larga nos regalan salud y bienestar?

Para James Clear, autor de *Hábitos atómicos*, el quid de la cuestión radica en *perseverar en una tendencia*; la tendencia a mejorar o a empeorar es lo que cuenta, pues nos permite vislumbrar el éxito o el fracaso.

En este sentido, Clear habla de *indicadores reactivos*: la cantidad de dinero que poseemos es un indicador de nuestros hábitos financieros; nuestro peso es un indicador de nuestros hábitos alimenticios o prácticas deportivas; el conocimiento que acumulamos es un indicador resultante del aprendizaje.

Estos indicadores son síntomas de lo que nos conviene repetir, convertirlo en hábito, si pretendemos mejorar en cualquier aspecto de nuestra vida. Tanto es así que este autor asegura que podemos predecir cómo nos irá en el futuro a partir de la observación de la curva de pequeñas ganancias y pérdidas.

Las pequeñas batallas que ganamos día a día son las que determinan nuestros escenarios de realidad futura, gracias al arte de establecer prioridades y de mantener unos hábitos saludables, eliminando los negativos. Cuando parece que nada sucede, todo está sucediendo en realidad.

Recordemos que cada semilla precisa de mimo y paciencia para brotar.

EJERCICIO PRÁCTICO:

¿Quién quieres ser a partir de ahora?

Una de las novedades del método de Clear es trabajar desde el «Yo». Es decir: más que aplicar los hábitos de una lista, se trata de decidir tu nueva identidad y actuar en consecuencia. Puedes hacerlo a través de estos pasos:

1. Decide quién quieres ser a partir de ahora.
2. Confirma, a través de nuevos hábitos y acciones, tu nueva identidad.
3. Persevera hasta que los hábitos formen parte de tu vida de una manera natural.

27. PUEDES APRENDER TANTO DE TUS ERRORES QUE CUANDO TROPIECES, EN LUGAR DE CAER, VUELES

Además de asumir que la paciencia y la constancia, como acabamos de ver, son ingredientes fundamentales de tu Mentalidad Buena Suerte, tu camino no termina ahí.

Para desarrollar tu sabiduría vital, es necesario que alimentes tu inquietud por aprender, tu curiosidad y tu capacidad de innovar, así como la atención que prestas a otras opiniones, tu capacidad de escuchar en profundidad... pero también *la fuerza para levantarte si caes*.

De nuevo, recuerdo una de mis frases predilectas para entender y aplacar el desánimo: «Aprendió tanto de sus errores que cuando tropezaba, en lugar de caer, volaba».

Hay momentos en los que la vida nos golpea, y es entonces cuando el bote salvavidas viene en forma de actitud positiva. Aferrarse a la esperanza y hacer lo que esté en nuestras manos nos mantendrá a flote para aceptar la realidad mientras buscamos soluciones.

La enfermedad de un ser amado, que un amigo nos decepcione, una ruptura amorosa... son razones que precisamos digerir, metabolizar, traspasar, en suma. Y no desde la resignación, sino desde la aceptación, que es el camino activo de aprendizaje que lleva a la resiliencia.

El dolor es inevitable, el sufrimiento es opcional

Para lograr la aceptación, debemos darnos permiso para mostrarnos vulnerables, dejar emerger el sufrimiento, liberar la emoción más profunda. Así es la aceptación radical: una conexión amplia y contundente con la realidad, sin engañarnos, sin taparnos los ojos o adentrarnos en la resignación o en la fantasía.

Incluso cuando no podemos hacer nada al respecto, aceptarlo puede ayudarnos a transitar esta realidad, como reza la conclusión de Buda tras años de meditación: «El dolor es inevitable, el sufrimiento es opcional». Si entendemos el sufrimiento como la recreación mental del dolor, podemos acabar eternizando ambos. Vamos a verlo con un ejemplo.

Recuerdo un chiste que ilustra la diferencia entre ambos conceptos: en un tren un anciano va tosiendo y quejándose en voz alta y constantemente, incomodando al resto de los pasajeros, más por sus gritos que por su tos: «¡Qué tos tengo! Pero ¡qué tos tan pesada! ¡Madre mía, esta tos me va a matar! ¡Maldita tos!». Eran tales sus gritos que una joven pasajera del tren se acercó al anciano y le ofreció unas eficaces pastillas de limón con miel que el señor aceptó de buen grado.

Todos los pasajeros del vagón constataron felizmente que, tras introducir una de las pastillas en su boca, la tos y los gritos del hombre por fin habían terminado. Pero al cabo de un rato el hombre comenzó de nuevo a gritar a pleno pulmón: «¡Han visto qué tos tenía! ¡Menudo ataque de tos, por favor! Pero ¡qué tos tenía! ¡Parecía que no me podía librar de ella! ¡Es que cuando me dan ataques de tos…! ¡Qué tos tan pesada tenía!...».

La tos sería el dolor, pero el sufrimiento vendría a ser los gritos que el hombre profiere tanto durante su ataque de tos como, y especialmente, cuando la tos ha desaparecido gracias a la pastilla de miel y limón. Al parecer, el anciano no quiere ni puede renunciar a ser el protagonista y, aunque la tos ya no esté, necesita llamar la atención de nuevo vociferando sin parar: eso es sufrimiento. Es muy importante no ser adictos al sufrimiento, ya que nos impide levantar cabeza y nos mantiene en la posición de la víctima permanente.

Un fracaso exitoso

La NASA calificó de este modo la misión del Apolo XIII, en la que por un fallo técnico se incendió el tanque de oxígeno. La nave no pudo alunizar y el regreso a la Tierra de los tripulantes se convirtió en una gesta durísima.

Hay una buena película protagonizada por Tom Hanks sobre este épico episodio de la carrera lunar.

De esta experiencia se extrajeron lecciones técnicas muy valiosas para misiones futuras, aunque quizá el legado humano fue aún más importante. Entender que, cuando un equipo se une para salvar vidas, lo imposible se vuelve posible.

¿Puede haber mayor éxito que ese?

Siempre digo que *algunas veces se gana y otras se aprende*. Cada error del que aprendes, activará tu alquimia interior. Aprender a caer para volver a intentarlo. Grandes hombres y mujeres han ascendido por la escalera del éxito a costa de resbalar por los fracasos. Errar, como hemos visto, es la vía regia para descartar opciones que no sirven y luego alcanzar nuevas cotas. Cada aprendizaje desde el dolor y cada renuncia al sufrimiento es una pluma poderosa en las alas de tu alma.

Armonía en el conflicto

El fundador del aikido que se podría traducir como «el camino de la energía del corazón» (del japonés, *Ai* —corazón—, *Ki* —energía—, *Do* —camino—) nos regala lecciones muy interesantes en este sentido. Morihei Ueshiba, un cualificado guerrero en el arte del combate, creó toda una filosofía para manejar el conflicto a partir de sus revelaciones. Este *sensei* (maestro) no se limitó a crear un arte para ganar el combate, sino que se focalizó en la búsqueda de la armonía, que es la energía que canaliza la solución a cualquier problema.

Los movimientos fluidos y poderosos del aikido están pensados para aceptar el embate del contrincante. Este arte marcial ve la lucha como un intercambio de energía y el objetivo es dominar esa fuerza, controlarla y redirigirla a favor de uno mismo.

La excelencia en un enfrentamiento es desarmar al oponente sin causar ningún daño. Muy probablemente Ueshiba conocía las enseñanzas de Sun Tzu, que más de dos milenios atrás había dicho en *El arte de la guerra*: «La suprema excelencia consiste en romper la resistencia del enemigo sin luchar».

Estableciendo un paralelismo entre este principio básico del aikido y la vida, los ataques son las discusiones, los problemas, la angustia, la impotencia, el dolor y el error. La maestría es poderlos integrar, controlar y transformar en fuerza creativa y maestría.

Esta catarsis puede activarse a través del propósito vital, del *ikigai*, según el concepto también japonés. Quien encuentra su misión en la vida dispone de un poderoso motor que le impulsa. *Motor*, por cierto, comparte etimología con la palabra *motivación*, que implica *moverse* y tener *motivos* para emprender.

¿Hacia dónde te mueve tu motivación?

La ilusión aligera el trabajo

Acerca de esto podemos recordar la historia de Christopher Wren, el arquitecto responsable de la construcción de la catedral de San Pablo en Londres.

Se cuenta que Wren acudió un día de incógnito a la cantera de donde se extraían los materiales para la catedral. Deseaba ver cómo trabajaban los picapedreros. Se fijó en tres obreros por su actitud totalmente diferente.

Uno trabajaba con evidente pereza y desgana; el segundo, cumplía con lo justo; mientras que el tercero mostraba una dedicación maravillosa a su labor.

Wren se acercó a ellos y les preguntó qué hacían. El primero se lamentó de tener que trabajar de sol a sol. El segundo le respondió que estaba allí por el dinero para mantener a su familia. El último, entusiasmado y sonriente, contestó que se sentía orgulloso de estar construyendo la catedral de Londres.

La ilusión aligera el trabajo.

EJERCICIO PRÁCTICO:

¿Qué actitud eliges?

Cada vez que asumas una tarea, puedes escoger entre las tres visiones vitales que acabamos de ver en la anécdota de Wren:

1. Asumirla como un trabajo duro e ingrato.
2. Entenderla como un deber que cumplir.
3. Mirar esa tarea de modo que puedas saber y sentir la alegría de haber contribuido a ella.

¿Cuál de las tres quieres que rija tu vida?

28. TÚ ERES LA CAUSA DE TU BUENA SUERTE

Como acabamos de ver, tener una misión vital aligera y da sentido a cualquier empresa que nos hayamos fijado.

Séneca, el sabio filósofo estoico, manifestó que la buena suerte es el punto de confluencia de la preparación y la oportunidad. De este modo, cuando tu preparación y la oportunidad confluyen, estás en condiciones de crear tu Buena Suerte.

Gracias a tu preparación, eres consciente de que el contexto es propicio, oportuno. Puedes identificar una oportunidad en una situación en la que otros, sin preparación, no apreciarán nada relevante. La situación de por sí puede ser azarosa, pero la fortuna consiste en haber incorporado tu Mentalidad Buena Suerte, es decir, en ser capaz de percibir las posibilidades que ofrece la situación, comprenderla para así utilizarla a tu favor para tus fines vitales.

No puedes controlar el azar, pero sí puedes prepararte para moldearlo según tus expectativas. Lo comprenderemos a partir del razonamiento que sigue.

El azar es inversamente proporcional a la preparación. Curiosamente, si tu preparación es cero, cualquier número dividido entre cero matemáticamente da como resultado infinito. Luego, sin preparación en la vida, el azar es infinito.

Pero, cuanta mayor es tu preparación, más reduces el azar. A mayor preparación, menos azar en cualquier disciplina vital.

Si a una persona no preparada le dan un arco y una flecha y a la primera da en el blanco, dirán que ha sido un golpe de suerte. Por el contrario, si ha practicado cada día y ha disparado miles y millones de flechas, ese uno dividido entre un millón es más que infinito, le gana la partida al azar.

Traducido en fórmula, se expresaría de este modo:

BUENA SUERTE = PREPARACIÓN X AZAR

Siendo X el signo de la multiplicación o combinación de ambos factores.

Pero el azar es inversamente proporcional a la preparación. Es decir:

AZAR = 1/PREPARACIÓN

Si esto es así, aplicando una simple sustitución tendríamos que:

BUENA SUERTE = PREPARACIÓN X 1/PREPARACIÓN

Con lo que el numerador se va con el denominador y obtenemos que:

BUENA SUERTE = 1

¡Buena Suerte es igual a UNO! Es decir, LA BUENA SUERTE en realidad DEPENDE ESENCIALMENTE DE UNO, de lo que tú haces, de ti.

Si bien cierto es que el azar juega muchísimo en la ecuación y en la partida de la vida, en la medida en que te prepares para crear circunstancias para tu Buena Suerte, esta surgirá con mayor facilidad. Si lo haces, si te preparas, tu Buena Suerte tenderá a manifestarse. Es así de simple: prepararte es como sembrar semillas. Si no siembras, no cosechas. Si no te prepararas para ganar la verdadera lotería, la de la vida, no te tocará el boleto.

Y, además, también está en ti dar una lectura favorable o desfavorable a cada circunstancia que vives. Recuerda que es tu mirada la que crea el mundo. En este sentido, deseo compartirte el que es quizá mi cuento favorito. Y dice así:

> Una vieja historia china habla de un anciano labrador que vivía en una aldea y tenía un joven y fuerte caballo para cultivar sus campos.
>
> Un día, el caballo saltó la valla del establo y huyó a las montañas. Cuando los vecinos del anciano labrador se acercaron para compadecerse de él y lamentar su desgracia, el labrador les replicó: «¿Mala suerte? ¿Buena suerte? ¡Quién sabe!».

Una semana después, el caballo regresó de las montañas, pero trajo consigo una manada de caballos salvajes: bonitas hembras y fuertes potros. Los vecinos miraban con asombro la caballada dirigiéndose al gran establo del anciano labrador. ¡Era como si le hubiera tocado la lotería! Entonces los vecinos felicitaron al labrador por su extraordinaria buena suerte. Este, serenamente, les respondió: «¿Mala suerte? ¿Buena suerte? ¡Quién sabe!».

Al día siguiente, el hijo del labrador intentó domar uno de aquellos nuevos caballos salvajes, pero el caballo saltó repetidamente hasta que provocó la caída del joven, que recibió tal impacto al golpearse en el suelo que se rompió una pierna, un brazo y un par de costillas. Todo el mundo lo consideró una desgracia. No así el labrador, quien se limitó a decir: «¿Mala suerte? ¿Buena suerte? ¡Quién sabe!».

Unas semanas más tarde, el ejército chino entró en el poblado y fueron reclutados todos los jóvenes que se encontraban en buenas condiciones físicas, ya que el país estaba en guerra con un país vecino. Pero en cuanto el capitán vio al hijo del labrador completamente magullado y entablillado, lo dejaron tranquilo, ya que cargar con el joven herido sería un estorbo y todavía le quedaban meses de recuperación. De nuevo los vecinos acudieron a casa del anciano labrador a celebrar la buena suerte que él y su familia habían tenido evitando que uno de sus hijos fuera a la guerra. Y de nuevo, el anciano abrió la puerta, sonrió amablemente, escuchó las felicitaciones de sus vecinos, les miró serenamente y dijo: «¿Mala suerte? ¿Buena suerte? ¡Quién sabe!».

De este sabio y breve relato podemos aprender que muchas circunstancias que a primera vista pueden parecer un contratiempo, en el fondo ocultan un regalo inesperado, como cuando el caballo del anciano labrador se va (mala suerte), pero en unos días regresa seguido de una gran caballada (buena suerte). Del mismo modo, situaciones que pueden parecernos favorables a primera vista (los muchos caballos que entran en el establo del anciano labrador inesperadamente) pueden ser situaciones que con el tiempo generen dificultades o desafíos (el hijo del anciano labrador se accidenta y lesiona seriamente al intentar domar a uno de los nuevos caballos). Y así sucesivamente.

La vida es eso: un latido. Por lo tanto, ¿buena suerte?, ¿mala suerte? ¡Quién sabe! Sea como sea, si adoptas la actitud del anciano y sabio labrador, vivirás con mayor apertura tu vida. No darás nada por sentado. Y desde esa serenidad, aceptación y paz interior podrás manejar mejor tanto lo que se muestra de entrada como aparentemente favorable (buena suerte) como lo que se muestra también de entrada como una situación desgraciada o difícil (mala suerte). En resumen, ¡quién sabe!, pero nunca dejes de trabajar para crear circunstancias que inviten a que tu Buena Suerte se quede y la mala suerte se vaya. Y para ello la clave es tu preparación.

EJERCICIO PRÁCTICO:

Reduce el azar a cero

1. Elige primero qué objetivo tienes como prioridad vital ahora mismo.
2. Evalúa del 1 al 10 el grado de preparación que piensas que tienes en esa materia.
3. Si el resultado es 5 o inferior, vas a necesitar del azar para lograrlo, así que te propongo que aumentes tu preparación para disminuir esa variable. ¿De qué manera puedes llevar tu preparación al máximo para que puedas darle la máxima puntuación?
4. Cuando hayas optimizado tu preparación, el azar se habrá reducido a cero. Desde este punto, la Buena Suerte depende ya de ti.

29. COMIENZA YA A CREAR TUS CIRCUNSTANCIAS

El futuro tiene tantas caras como las que le pintemos cada uno de nosotros. Ahora bien, esa creación, esas caras, las pintamos en el presente. Aquí y ahora.

El escritor Victor Hugo, en un intento de captar la esencia del futuro, lo definió así: «El futuro tiene muchos nombres. Para los débiles es lo inalcanzable. Para los temerosos, lo desconocido. Para los valientes es la oportunidad».

En los capítulos anteriores hemos visto todo lo que necesitamos para crear y tener Buena Suerte. Ahora ya sabemos que la Buena Suerte se cultiva, se prepara, se reconoce y se trabaja como un terreno fértil.

Y si preparas ese terreno, tu futuro no será inevitable, será «inventable» por ti.

Como afirmaba el consultor austroamericano Peter Drucker, «La mejor manera de predecir el futuro es crearlo.»

Un instante heroico

Cuando comprendes esto, más pronto que tarde aparece *un instante heroico: una decisión que dura un segundo y que puede cambiar el resto de tu vida*. En tu interior, sabes que el momento está justo aquí, y tu coraje hará que relativices el miedo, porque *lo que te separa de la vida que quieres para ti es ese temor*.

Las grandes personalidades que han cambiado el curso de la historia han aprovechado cada instante heroico. Decisiones tomadas en un instante que cambian la manera en la que decides vivir el resto de tu vida.

Rosa Parks, la «primera dama de los derechos civiles», como la reconoció el Congreso estadounidense, inició un movimiento contra la segregación racial con un gesto tan sencillo como valiente: no ceder su asiento de autobús a un pasajero blanco.

Aunque fue detenida, en esa decisión había un compromiso personal que generó una oleada de solidaridad e indignación en todo el país. Ese simple gesto cambió la historia de los Estados Unidos y del mundo.

Las acciones que realizas de manera coherente y consistente son las que crean el futuro que deseas. El azar quiso que Rosa Parks fuera una persona de piel negra en una época de discriminación, pero jugó con coraje sus cartas y con ello creó otro futuro en el que su dignidad y la de millones de otros seres humanos se vio respetada.

En la Grecia antigua utilizaban dos palabras para definir el tiempo: *kronos*, el tiempo medido, y *kairós*, en referencia a la calidad del tiempo, a la capacidad que tenemos de ser oportunos. Así, un beso dura pocos segundos, pero puede cambiar una vida, al igual que un abrazo, una palabra amable, la lectura de una frase inspiradora o un detalle generoso.

Kronos es objetivo, es el tiempo medible (de ahí salen palabras como cronómetro, cronometrar y cronología, por ejemplo), y *kairós* está tocado por el corazón. *Kairós* es el momento inspirado, el instante de la decisión heroica, el segundo en el que vemos claro que queremos y debemos transformarnos.

¿Cómo gozar del instante? La pregunta está dirigida a cómo vivimos el *kairós* y a veces una pregunta tan simple como *¿qué harías ahora si te dijeran que te quedan dos meses de vida?* te sitúa con fuerza en ese *kairós*.

Lo que parece imposible

Imagina que te quedan apenas dos meses por vivir, dos meses para hacer lo que más feliz te haga, sin aplazamientos. Ya no tendría sentido procrastinar, ¿verdad? Cuando creemos que disponemos de todo el tiempo del mundo dejamos de valorar cada segundo. La escasez activa nuestra atención y nuestra intención y acción.

Decide a qué dedicarías estos últimos dos meses de aliento vital.

Una vez sabido, la pregunta es: *¿por qué no lo haces ya?*

Quizá me contestes que, ahora mismo, lo que desea tu corazón parece imposible. Y te respondo con lo que dijo Eleanor Roosevelt: «Debes hacer aquello que crees que no puedes hacer».

La espera pasiva conduce a la desesperación, al conformismo y al dragón del miedo, como narré en mi fábula *Los siete poderes*:

> Dragón y caballero se miraron a los ojos y, aunque la intensidad de la mirada del monstruo era casi cegadora, el joven se mantuvo firme y lo desafió:
>
> –¿Quién sois? –gritó con toda la fuerza de sus pulmones.
>
> –Soy un dragón, soy esa pesadilla que se oculta en tu alma y deberás vencerme para seguir adelante.
>
> Desconcertado, el Joven Caballero sacudió la cabeza. No entendía aquellas palabras.
>
> –Soy el Dragón del Miedo, aquel que cierra el paso a quien quiere crear su destino, aquel capaz de producir lo que se teme. He oído la llamada de tu voz interior. Vengo a destruir tu futuro, a hacerte perder todo aquello que puedes perder. He sentido tu miedo a perder, y estoy aquí para complacer ese deseo que tantos humanos albergáis sin saberlo: el miedo a perder... Cuanto más teméis, más fácil es mi trabajo.
>
> Fue entonces cuando el Joven Caballero, mirando a los ojos del Dragón del Miedo, comprendió que, en realidad, era él quien alimentaba al dragón con su temor. Decidió dar un paso al

frente y plantarle cara. De pronto, el dragón empezó a mutar, disminuyó de tamaño y empezó a perder aquella rabia demoledora.

El caballero, seguro de sí, dio un segundo paso hacia delante. Sin temor y con el dragón casi al alcance de su mano, le dijo:

—Acabo de comprender que no he llegado a ti por casualidad. He venido aquí para escucharte. Creo que tus gritos, tu rabia y tu fuego guardan un gran poder que he negado durante mucho tiempo.

El dragón, cuyo color había pasado del negro al gris y cuyos ojos perdían el rabioso fulgor que nace de la ira, tomó la palabra:

—Cuanto más me observes, cuanto más me escuches, menos poder de bloquearte, de paralizarte, tendré. Si me niegas, te someteré; pero si me aceptas, te transformaré.

El joven respondió:

—Tú estás en mí. Reconozco, acepto y agradezco tu mensaje. En adelante, prometo no ignorarte y reconocer que tú, Dragón del Miedo, ocultas y guardas un gran poder.

Dicho esto, el caballero dio un tercer paso al frente, en un signo de confianza y entrega, mostrando las palmas de sus manos al dragón... Y algo milagroso ocurrió. El dragón se transmutó por completo y tomó la forma de un bellísimo unicornio blanco, cuyos ojos tenían la más noble de las miradas y cuya voz hablaba desde una profunda paz.

Tras mirar al cielo, el unicornio habló:

—Ve más allá de tus limitaciones, convence a tus miedos, habla con tus dudas y escucha a tus inseguridades. Cuando lo hagas, verás que cada reto que aceptes será una elección que te hará crecer y te darás cuenta de que, despejado el temor, el reto se convertirá en una extraordinaria oportunidad. Y ahora, aunque me veas partir, mi alma quedará contigo. Sigue tu camino en paz.

La paz te espera cuando decides traspasar tus miedos. Y lo mejor llegará si decides ir a por ellos. Sin duda, crecerás, aprenderás.

La oportunidad se presenta en el instante en el que sabes qué quieres lograr.

Es entonces cuando la puedes identificar con claridad:

Saber que se puede
Querer que se pueda
Quitarse los miedos, sacarlos afuera
Pintarse la cara, color esperanza
Tentar al futuro con el corazón

Así reza la bella canción de Diego Torres.

¿Decides tentar a tu futuro con tu corazón?

EJERCICIO PRÁCTICO:

Creando tus circunstancias

1. ¿Cuáles son los dragones de tus miedos principales?
2. ¿Qué unicornios crees que están tras ellos?
3. ¿Qué circunstancias puedes crear para tu esperanza y sentido futuro?
4. ¿Qué personas pueden ayudarte?
5. ¿En qué sientes que necesitas prepararte?

Por favor, no olvides acceder con los códigos QR a todos los vídeos extra y contenidos adicionales que van incluidos en este libro. En ellos encontrarás muchísimas herramientas, ejercicios, reflexiones e inspiración útil que te ayudará a consolidar tu Mentalidad Buena Suerte y a crear las circunstancias de tu excelente transformación personal.

30. ERES LA NIÑA O EL NIÑO DE TU FUTURO

La decisión más importante que puedes tomar es la de quién quieres ser y qué quieres lograr en la vida. Es clave cuestionártelo si pretendes vivir no como crees que eres, sino como crees que puedes llegar a ser en la plenitud de tu potencial convertido en realidad.

Sobre esto, el escritor uruguayo Eduardo Galeano nos invita a no ponernos límites: «La utopía está en el horizonte. Camino dos pasos, ella se aleja dos pasos y el horizonte se corre diez pasos más allá. Entonces, ¿para qué sirve la utopía? Para eso, sirve para caminar».

Una vez que admites que puedes cambiar, avanzar, e ir materializando tus anhelos en realidades desde tu manera única de ser y de ver y crear la vida, hay que entregarlo todo al presente, puesto que estás aquí para hacerlo tuyo. Cuando vives la vida de esta manera, cualquier momento y lugar es perfecto, es el adecuado y sientes que estás donde debes estar porque lo que define la calidad de la experiencia es la calidad de tu consciencia, presencia, gratitud y apertura interior.

Así lo refleja una bonita parábola sobre la razón de existir:

El maestro Confucio paseaba con uno de sus discípulos por el bosque. El sabio caminaba y contemplaba los árboles y los pájaros con los que se cruzaba, esbozando una amplia sonrisa, respirando profundamente y gozando del paisaje.

Su discípulo, por el contrario, se mostraba inquieto, pues no tenía ni idea de adónde se dirigían y llevaban mucho rato de paseo; le parecía un deambular sin sentido.

Tras caminar varias horas sin un destino aparente, harto de la duda, el discípulo finalmente rompió su silencio y preguntó agitado:

—¿Adónde quiere llegar?

Y Confucio, acompañándose de un amable gesto, contestó:

—Siempre estamos en el lugar adecuado.

Una carta para ti

En este acto personal de realización, para poner los cimientos de tu nueva vida, como hemos propuesto en el capítulo 24, escribir es una valiosa herramienta. Dejar impreso sobre papel o en la pantalla nuestros propósitos nos ayuda a hacerlos materia, es decir, a encarnarlos, materializarlos.

Deseo apoyarme en esta herramienta para guiar y afianzar tu trayecto en la creación de tu Mentalidad Buena Suerte.

No es una línea recta, ni tiene un principio ni un final. Es un hilo que nos sustenta por un bosque lleno de belleza y de claroscuros, como el que visitaron Confucio y su discípulo, para que no nos perdamos en la espesura.

Es una carta que te invito que te escribas a ti mismo desde el hoy para cada mañana que venga.

En la carta que escribirás a tu yo del futuro es importante que plasmes lo siguiente:

* **¿Qué quieres y quién quieres ser?** Sé honesto y apóyate en tus verdaderas fortalezas y prioridades. Nuestros sueños, si queremos verlos hechos realidad, nos piden lucidez, honestidad y actitud positiva.
* **¿Cuál es tu sueño? Visualízalo, defínelo y describe con detalle lo que deseas realizar.** Pero, sobre todo, fíjate en lo que depende de ti para cumplirlo, como dirían los estoicos, pues es la parte que producirá tu transformación vital. *De ti depende creer para crear. Porque confiar, creer, amar, crear y lograr son los cinco verbos que transforman el mundo*. Son una cadena cuyos eslabones necesitan ser soldados para mantener vivo tu objetivo. *Quien confía, cree; quien cree, ama; quien ama, crea; quien crea amando y confiando, logra.*
* **Divide la tarea en pequeñas tareas realizables.** Una hoja de ruta demasiado ambiciosa nos devuel-

ve a la jaula de la fatalidad, y alimenta ese victimismo basado en que, por mucho que lo intentemos, nada sucede o nada sale bien. En ocasiones, las metas poco realistas suponen un autosabotaje inconsciente. Como decían los romanos, *divide y vencerás*. Así que divide tu anhelo en pequeños objetivos que sean progresivamente realizables y que, al lograrlos, te aporten motivación e inspiración.

* **Ponles fecha.** Dijo el poeta Walt Whitman: «La felicidad no está en otro lugar, sino en este lugar, no en otra hora, sino en esta hora». Dilatar los proyectos equivale a dejarlos morir de hambre lentamente. Al movernos y mejorar cada día un poco, aunque sea solo el 1 % del Kaizen, te motivas, porque poco a poco ves los resultados que te estimulan a seguir creyendo y creando.

Tu futuro exponencial

Precisamente ahora deseo recuperar la idea de Kaizen de la que ya hemos hablado en el capítulo 26 y de las pequeñas mejoras mantenidas en el tiempo. Vamos ahora a dar un paso más, y te voy a mostrar la potencia que tiene el crecimiento paciente, persistente y constante a través de la siguiente tabla. En ella verás lo que supone mejorar tan solo un 1 % cada día. Porque todo cuanto hemos venido hablando se puede traducir en objetivos, en cifras, cuyo resultado de mejora sostenida en el tiempo es sorprendente.

En esta tabla puedes ver el proceso acumulativo que supone mejorar un 1 % en una habilidad determinada a lo largo de cuatro meses, es decir 120 días.

Día 1	100 %	**Día 31**	135 %	**Día 61**	182 %	**Día 91**	245 %
Día 2	101 %	**Día 32**	136 %	**Día 62**	183 %	**Día 92**	247 %
Día 3	102 %	**Día 33**	137 %	**Día 63**	185 %	**Día 93**	250 %
Día 4	103 %	**Día 34**	139 %	**Día 64**	187 %	**Día 94**	252 %
Día 5	104 %	**Día 35**	140 %	**Día 65**	189 %	**Día 95**	255 %
Día 6	105 %	**Día 36**	142 %	**Día 66**	191 %	**Día 96**	257 %
Día 7	106 %	**Día 37**	143 %	**Día 67**	193 %	**Día 97**	260 %
Día 8	107 %	**Día 38**	145 %	**Día 68**	195 %	**Día 98**	263 %
Día 9	108 %	**Día 39**	146 %	**Día 69**	197 %	**Día 99**	265 %
Día 10	109 %	**Día 40**	147 %	**Día 70**	199 %	**Día 100**	268 %
Día 11	110 %	**Día 41**	149 %	**Día 71**	201 %	**Día 101**	270 %
Día 12	112 %	**Día 42**	150 %	**Día 72**	203 %	**Día 102**	273 %
Día 13	113 %	**Día 43**	152 %	**Día 73**	205 %	**Día 103**	276 %
Día 14	114 %	**Día 44**	153 %	**Día 74**	207 %	**Día 104**	279 %
Día 15	115 %	**Día 45**	155 %	**Día 75**	209 %	**Día 105**	281 %
Día 16	116 %	**Día 46**	156 %	**Día 76**	211 %	**Día 106**	284 %
Día 17	117 %	**Día 47**	158 %	**Día 77**	213 %	**Día 107**	287 %
Día 18	118 %	**Día 48**	160 %	**Día 78**	215 %	**Día 108**	290 %
Día 19	120 %	**Día 49**	161 %	**Día 79**	217 %	**Día 109**	293 %
Día 20	121 %	**Día 50**	163 %	**Día 80**	219 %	**Día 110**	296 %
Día 21	122 %	**Día 51**	164 %	**Día 81**	222 %	**Día 111**	299 %
Día 22	123 %	**Día 52**	166 %	**Día 82**	224 %	**Día 112**	302 %
Día 23	124 %	**Día 53**	168 %	**Día 83**	226 %	**Día 113**	305 %
Día 24	126 %	**Día 54**	169 %	**Día 84**	228 %	**Día 114**	308 %
Día 25	127 %	**Día 55**	171 %	**Día 85**	231 %	**Día 115**	311 %
Día 26	128 %	**Día 56**	173 %	**Día 86**	233 %	**Día 116**	314 %
Día 27	130 %	**Día 57**	175 %	**Día 87**	235 %	**Día 117**	317 %
Día 28	131 %	**Día 58**	176 %	**Día 88**	238 %	**Día 118**	320 %
Día 29	132 %	**Día 59**	178 %	**Día 89**	240 %	**Día 119**	324 %
Día 30	133 %	**Día 60**	180 %	**Día 90**	242 %	**Día 120**	327 %

Vamos a suponer que en el día 1 tienes una determinada habilidad a la que valoraremos con un 100, aunque puedes seguir mejorándola. A partir de ahí se trata de crecer cada día tan solo un 1 % respecto al día anterior. Al mejorar tan solo un 1 % cada día, vas acumulando ese porcentaje de mejora sobre los días anteriores. Si te fijas, al cabo de un mes, en treinta días, habrás mejorado un 33 % (en la tabla aparece la cifra 133 %, eso es un 33 % más que el día 1), pero al cabo de dos meses, un ¡80 %!; en tres meses un ¡142 %! Y en cuatro meses, un ¡227 %! Cuanto más perseveras en mejorar, más se potencia tu mejora con el paso del tiempo.

Si te fijas, en el día 71 ya habrías mejorado un 101 %. Es evidente que no siempre podemos mantener mejoras permanentes y diarias de un 1 %, pero la idea clave que deseo transmitirte es que lo bueno se acumula sobre lo anterior, por pequeño que sea, y de eso se trata, de mantener esa voluntad de mejora perseverante y constante, día a día.

Y al revés, sucede lo mismo: otro mensaje muy relevante que nos muestra el Kaizen (la mejora continua) es que lo que no crece, decrece. De modo que, de la misma manera que las mejoras que haces cotidianamente en tu vida provocan en ti un crecimiento y un desarrollo acumulado que cada vez se acelera más, también es válido lo contrario: *cuando te abandonas, tus procesos de caída también se aceleran porque cada día se pierde más debido a la acumulación de pérdidas sobre las pérdidas anteriores.*

La pregunta entonces es clara y simple: ¿decides mejorar un poco cada día? ¿Decides aplicar tu MBS y crear nuevas circunstancias que te lleven a un crecimiento exponencial a medio y largo plazo en los aspectos de tu vida que deseas mejorar? ¿Decides añadir tú la cuarta hoja a tu trébol de la Buena Suerte?

EJERCICIO PRÁCTICO:

Actúa y confía

1. Tal como hemos visto, si quieres adivinar el futuro, créalo a partir de ahora: el futuro eres tú. No está en manos del tiempo, sino en las tuyas. Porque, si no haces nada en el futuro, en lugar de crecer, decreces. Pero si actúas con Mentalidad Buena Suerte, creces. Sin acción solo hay pensamiento. Y el lenguaje de la realidad es la acción.

2. Puedes dejar escritos los pasos que quieres dar para actuar. Estarás creando tus circunstancias activamente y así aprendes a mejorarte constantemente.

3. ¿Y entonces, qué? La novena regla del relato *La Buena Suerte* señala que «Cuando ya hayas creado todas las circunstancias, ten paciencia, no abandones. Para que llegue la Buena Suerte, confía.» Así que, como dijo Henry David Thoreau: «Ve con confianza en la dirección de tus sueños. Vive la vida que estás imaginando y deseando».

El trébol de cuatro hojas es el símbolo universal de la Buena Suerte.

Un trébol tiene, por lo general, tres hojas.

Es inusual encontrar tréboles de cuatro hojas.

La cuarta hoja la pones tú, instante a instante, gracias a tu Mentalidad Buena Suerte y a tu voluntad de crecimiento, aprendizaje y contribución constante.

CUARTA PARTE

Cuarta hoja de tu trébol de la Buena Suerte

SIN EXCUSAS: LA CUARTA HOJA LA PONES TÚ INSTANTE A INSTANTE

31. SÍNTESIS DE TODO EL LIBRO

Hemos recorrido juntos, tú y yo, treinta lecciones para crear tu Buena Suerte a partir de tu Mentalidad Buena Suerte.

Espero que el viaje te haya gustado, te haya resultado agradable y que, por encima de todo, sientas que hay ideas que aportan valor a tu vida para mejorarla, transformarla, prosperar y conquistar tu realización y felicidad.

He procurado sintetizar todos estos años de experiencia en el acompañamiento a miles de personas y organizaciones en estas treinta lecciones, pero quiero darte una síntesis de todo ello, de modo que puedas venir a este capítulo cada vez que desees recordar la esencia de este libro.

Y es que deseo de corazón darte todas las herramientas más potentes que he conocido en el ámbito de la transformación personal.

Dispones hasta aquí de treinta lecciones y al final de cada lección tienes el código QR que te lleva a una página con treinta recursos más y una sorpresa que te voy a desvelar en el siguiente capítulo.

Así que, no hay excusas, además del libro y del material *online* extra de regalo, tienes aquí la síntesis del libro capítulo a capítulo, para que siempre tengas a mano la capacidad de añadir la cuarta hoja a los tréboles de tres hojas que encuentres en tu vida. ¡Porque la cuarta hoja siempre la puedes añadir tú!

1. **De lo imposible a lo posible**
   a. Nada es imposible si creas nuevas circunstancias desde la acción responsable, la humildad y el aprendizaje continuo.
   b. Desde la responsabilidad y el aprendizaje que vas adquiriendo en el camino, puedes reescribir el guion de tu vida. Pasar de lo imposible a lo posible creando nuevas circunstancias.
   c. Una vez en lo posible, puedes aumentar la probabilidad de logro o cumplimiento a través de la responsabilidad sobre cada acción de tu vida, la humildad fértil que evita la ceguera de la vanidad, el aprendizaje constante que te lleva a crecer sin parar y la acción, ya que esta última es el verdadero lenguaje de la realidad si en verdad quieres transformarte y transformar el mundo.

2. **No hay dolor mayor que el de los sueños no realizados**
   a. Un gran número de personas se arrepienten mucho más de todo aquello que no han hecho cuando deseaban profundamente hacerlo que de aquello que han hecho y que no ha salido como esperaban.
   b. El coraje no es ausencia de miedo. Al contrario, la persona valiente tiene miedo, pero siente que vale la pena arriesgarse.
   c. *Tus temores no evitarán la muerte, sino que detendrán tu vida*, te robarán la energía para realizarte y ser quien puedes llegar a ser con plenitud.

3. **Saber y no hacer equivale a no saber**
   a. Tu Mentalidad Buena Suerte no se circunscribe al pensamiento, es una mentalidad orientada a la acción. Las cosas más que decirlas tienes que hacerlas, porque cuando las hagas, hablarán por sí mismas de ti. Tus acciones son tu yo verdadero, tu yo-experiencia.
   b. La vida se construye de acciones y de las lecciones que extraes constantemente de las mismas gracias a la reflexión. Es bien sabido que *en la vida unas veces se gana y otras veces se aprende*.
   c. Si extraes lecciones positivas de los momentos complicados, estarás transformando el dolor en algo útil para tu vida. Ese es el sufrimiento

productivo. Cuando la adversidad llama a tu puerta, puedes derrumbarte o aceptar el reto de aprender.

4. **Mira apreciativamente**
   a. Tu mirada puede ser despreciativa, neutra o apreciativa. Muchas personas van por el mundo ejerciendo constantemente una mirada despreciativa. Pasan buena parte del día criticando y juzgando a los demás, gratuitamente, sin saber apenas poco o nada de aquellos a los que juzgan.
   b. La mirada apreciativa consiste en mirarse a sí mismo, a los demás y a la vida buscando aquellos elementos que destacan, que son positivos, que suman, que unen. Tu mundo cambia porque tu mirada lo transforma a partir del ejercicio voluntario y consciente de querer ver lo bello, lo bueno y lo verdadero en el mundo, en lugar de pasar el tiempo jugando a criticar, a celar y a buscar defectos.
   c. Por esta razón, quizá lo más inteligente que los seres humanos podemos hacer es aprovechar el tiempo que nos sobra para adquirir la sabiduría que nos falta a través de la mirada apreciativa, el aprendizaje permanente y la reflexión crítica.

5. **Oportunidad se relaciona con ser oportuno**
    a. La oportunidad no es un regalo que te hacen, sino que reside en tu capacidad de reconocer —saber ver y apreciar lo que otros incluso desprecian— y actuar para dotar de valor a la posibilidad aún no realizada.
    b. Por eso mismo, muchas veces las oportunidades te pueden pasar inadvertidas. Lo que para uno es una oportunidad maravillosa, otro lo ve como un problema insalvable. ¿Cuántas veces has visto que dos personas reaccionan de manera radicalmente distinta ante una misma situación? Una se hunde o se retira y la otra ve en esa experiencia un tesoro de aprendizajes y transformación.
    c. Por esa razón las oportunidades son como un tesoro a la vista de todos, es decir, a veces son tan obvias que las obviamos, tan evidentes que pasan inadvertidas, tan elocuentes que se hacen invisibles para quien no sabe reconocerlas, no está preparado y no quiere actuar. Por eso la *oportunidad* reside en ser oportuno. No es que las oportunidades sean evidentes, es que tienes que desarrollar la capacidad de, oportunamente, reconocerlas.

6. **La resignación es un suicidio cotidiano**

   a. Resignarse no significa aceptar y digerir «lo que hay», sino bajar los brazos y renunciar a escribir el guion de vida que eliges. *Resignarse no resuelve ni la inquietud ni el malestar. Más bien, los acrecienta.*

   b. Resignarse es rendirse, pero no hay que confundir la resignación con la aceptación, porque no son lo mismo. Mientras que la resignación está en el niño interior que tiene miedo, la aceptación está en el adulto interior que quiere ver claro. Desde la resignación, huyes, pero desde la aceptación, creces. Resignarse es encogerse y retirarse. Aceptar es querer ver claro, mirar cara a cara a la vida y desde el amor a la verdad y a la honestidad, querer ver claro para poder pisar firme. Resignarse es caer. Aceptar es avanzar.

   c. La acción, sin embargo, debe ir acompañada por la reflexión y por una actitud sana, sin precipitación, aceptando el peaje del dolor o la incomodidad para el cambio que deseas conquistar. Recuerda: no puede haber sabiduría sin reflexión y no puede haber reflexión sin quietud, sin detenerse, sin pararse a pensar. Gracias a esa parada y reflexión, llegarás a la lucidez y a la sabiduría que permitirá vivir con aceptación y sin resignación.

7. La clave para una vida lograda: la longanimidad

a. La longanimidad es «la grandeza y constancia de ánimo en las adversidades». También es «benignidad, clemencia y generosidad». Este concepto choca con la actual cultura de la inmediatez, en la que todo se quiere lograr rápidamente y sin esfuerzo, en beneficio de la persona individual y no de la comunidad.

b. La longanimidad supone resiliencia mantenida en el tiempo, ya que implica fortaleza, humildad, determinación y aprendizaje constante. Recuerda que la resiliencia es la capacidad que tienen las personas para amoldarse a las situaciones adversas y salir de ellas habiendo obtenido resultados positivos. Quien es resiliente cae y se levanta habiendo aprendido a caer para una próxima ocasión. Quien tiene longanimidad, es decir, quien es longánime, mantiene y ejerce ese aprendizaje a lo largo del tiempo, permanentemente.

c. La longanimidad, por lo tanto, implica, por un lado, tener una mirada a largo plazo, sabiendo que la vida nos espera con múltiples desafíos que podemos convertir en oportunidades de crecimiento propio y ajeno, y, por otro, evitar la pereza y la pusilanimidad —que sería el valor contrario, ya que ser pusilánime implica poco ánimo y falta de valor para emprender acciones, enfrentarse a peligros o dificultades o soportar desgracias— en el día a día.

8. **Esto también pasará**
   a. *Nada de lo que nos ocupa o nos preocupa será eterno*. Ni lo bueno ni lo malo duran para siempre. Todo pasa, lo agradable y lo desagradable. Todo es un latido, un vaivén. Frente a la naturaleza finita de toda experiencia, disfrutemos de lo bueno, aprendamos de lo que nos genera dolor y sufrimiento y para ello es un buen bálsamo vivir con…
   b. *Paciencia* para aprender de todo lo vivido, permanentemente. *Humildad* para soltar, reinventarte, transformarte. Dejar ir lo viejo para dejar venir lo nuevo. *Alegría y curiosidad* hacia lo nuevo. Apertura de los brazos del alma para acoger lo inesperado y saberlo aprovechar. *Aprender a vivir en la incertidumbre consciente* (es decir, querer vivir con los ojos abiertos y bien despiertos a un futuro que es siempre inimaginable) en lugar de querer vivir en la *certidumbre inconsciente* (es decir, desear una vida llena de garantías que nos den los demás, lo cual es un síntoma de profunda inmadurez).

9. **La pregunta más importante: ¿Qué es lo que tengo que aceptar?**
   a. *La aceptación desata la proactividad.* Ciertamente, mirar la vida con ojos positivos es un recurso bienvenido, pero no lo es todo. De hecho, la aceptación puede llegar a ser una herramienta mucho más poderosa que mantener una actitud positiva. Se puede ser positivo sin mover un dedo. Pero necesitas algo más. Si tu intención es conectar con el principio de realidad, lo primordial es buscar la verdad, por muy dura que parezca.
   b. *Se requiere coraje para la aceptación*, hay que pasar por encima del miedo y afrontar con humildad y confianza las lecciones vitales que recibes en todas las dimensiones, desde la profesional hasta la de los afectos. Al comprometerte con la aceptación, dejas de resistirte y se produce la ansiada transformación que te lleva la *realización personal.*
   c. Puedes fingir con ingenuidad que la dificultad no existe, pero más pronto que tarde acabará por encontrarte. Por este motivo, *la aceptación activa combate la frustración de la resignación pasiva.*

10. **Si quieres que los demás crean en ti, comienza por hacerlo tú**
    a. La confianza se desarrolla ejercitándola a través de realizar acciones que transforman tu realidad constantemente. La suma permanente de pequeñas y grandes victorias es la que te permite cada vez confiar más y más en ti, hacer crecer tu autoestima y tu eficacia.
    b. Cualquier transformación, innovación o proyecto que ha valido realmente la pena ha sido impulsado por *locos* que han vencido sus propios miedos, y también las opiniones de otros que afirmaban que nunca lo lograrían. Para lograr nuevos desafíos, es necesario tener los pies en el suelo, pero la cabeza en las estrellas.
    c. Crea tu propia «Libreta de Soluciones» en la que cada día dediques unos 15 minutos a mejorarte y a mejorar tu vida anotando ideas y soluciones que te permitan crecer constantemente como persona, como profesional y como ciudadano. En definitiva, haz que esta libreta se convierta en el libro más importante de tu vida porque en sus páginas y con el paso del tiempo podrás ver de tu propio puño y letra cómo vas mejorando constantemente a partir de enfrentar y superar tus propios medios y crear y lograr nuevos objetivos y metas.

11. **Los principios de Jefferson**

Thomas Jefferson, el que fuera tercer presidente de los Estados Unidos, apostaba por el sentido común —el menos común de los sentidos— y, con una lúcida simplicidad, aunó diez principios que siguen plenamente vigentes para facilitarte la vida:

1. Nunca dejes para mañana lo que puedas hacer hoy.
2. Nunca molestes a otro por lo que puedes hacer tú mismo.
3. Nunca gastes el dinero antes de haberlo ganado.
4. Nunca compres lo que no quieres solo porque es barato.
5. El orgullo nos sale más caro que el hambre, la sed y el frío.
6. Rara vez nos arrepentiremos de haber comido demasiado poco.
7. Nada que hacemos de buena gana es molesto.
8. ¿Cuánto sufrimiento nos causan las desgracias que nunca nos han sucedido?
9. Toma las cosas siempre por su lado amable.
10. Cuando te enfades, cuenta hasta diez antes de hablar; y si estás muy enfadado, hasta cien.

12. **Soñar con nuevas posibilidades**
   a. No solo *eres lo que haces*. En un paso previo, *eres también lo que sueñas*. El techo de tus logros está primeramente en tu fantasía y en el permiso que te das para realizarla. Los obstáculos que salen a tu paso muchas veces no dependen de ti, *a priori*, pero la capacidad de soñar y de realizar sí.
   b. ¿Qué es soñar, al fin y al cabo? Es *abrir la mente a nuevas posibilidades*, a la oportunidad que aparece como un nuevo horizonte. Soñar requiere arrinconar el miedo y el agotamiento para aventurarse en el cambio.
   c. Buena parte de tu vida depende de tu voluntad de hacer consciente tu inconsciente. Si te preguntas por qué tropiezas siempre con la misma piedra, en una repetición que sientes que es absurda y estéril, puedes pedir explicaciones, precisamente, a tu inconsciente. Y para hacerlo es importante que te cuestiones, que pidas ayuda si es necesario a alguien que te conozca bien y te ame, y te escuche sin juzgarte, para que puedas ir viendo los mecanismos inconscientes que te hacen tropezar repetidamente con la misma piedra. También pedir ayuda psicológica puede ser muy útil y revelador.

13. **¡Lo mejor está por llegar! (pero, por si acaso, ve a por ello)**
    a. *Tus posibilidades se disparan cuando optas por solucionar, elegir, hacer y concluir.* No en vano, la palabra *resolver* está emparentada con otros términos claramente beneficiosos para tus planes y proyectos: *resolución*, *solución*, *solvencia*… Y es que, etimológicamente, el verbo *resolver* viene del vocablo latino *resolvere*, que significa 'desatar', 'liberar', 'desbloquear'.
    b. Las ideas son volátiles, se evaporan con suma facilidad, pero las ideas escritas son como la fotografía de tus pensamientos. Aquello que plasmas en un papel o archivo puede adquirir la fuerza y el compromiso de un contrato. Vamos con ello:

        - *Concreta lo que quieres alcanzar.* Escribe lo que deseas, cómo lo deseas, cuánto lo deseas y cuándo lo deseas. Pon fechas, busca un mentor si es necesario y ponte a trabajar.
        - *Trabaja desde la gratitud.* Empieza valorando lo que ya tienes, dedicando un minuto al día a escribir: «*Tres cosas agradezco en este momento de mi vida: ………., ………. y ……….*». Recuerda, además, que la práctica de la gratitud

eleva tu consciencia, mejora tu humor, mejora tu estado de ánimo y tu salud en general. ¡La gratitud es milagrosa!

- *Haz como si ya lo hubieras logrado.* Además de ser proactivo y seguir un plan, visualiza la consecución de lo que te propones como si ya lo hubieras logrado. Eso te ayudará a derribar muros mentales.

14. **«Me ha llevado diez años tener éxito de la noche a la mañana» (Woody Allen)**
    a. Para vivir oportunidades geniales un requisito previo es ser perseverante. *Tiempo, esfuerzo, paciencia y constancia*. Asumir que el progreso, por lento que sea, sigue siendo progreso.
    b. «Si añades un poco a lo poco y lo haces con frecuencia, pronto llegará a ser mucho» dijo Hesíodo. En este sentido recuerda el cuento del bambú japonés, que está basado en un hecho real: el bambú tarda años en mostrarse ya que elabora un complejo sistema de raíces que le permiten, en apenas unas semanas, crecer varios metros. Las buenas raíces son el sostén del desarrollo rápido y sólido, ambos a la vez. Sin raíces no hay alas.
    c. Si quieres que tu crecimiento sea rápido y sólido, primero debes sentar buenas bases, buenas raíces, y esas raíces son una buena preparación

y formación, experiencia y aprendizaje de tus errores, hacer que tu sufrimiento sea productivo, humildad (que, recordemos, viene de *humus*) para vivir con los ojos abiertos (porque la vanidad ciega, pero la humildad revela), paciencia y acción constante de mejora.

15. **Aplica la regla DSC**
    a. *Dejar de hacer* lo que no te beneficia, abandonar lo superfluo, te permite aprovechar mejor el tiempo. Y si gestionas mejor tu tiempo y tus esfuerzos, tendrás los recursos necesarios para optimizar tu vida. En ello te puede ayudar la famosa Ley de Pareto, del economista italiano que hace más de un siglo ya señalaba que *el 80% de los resultados los producen el 20% de las causas*.
    b. *Seguir haciendo.* ¿Qué es eso que haces bien, pero que no haces suficientemente a menudo? ¿Qué pasaría si ampliaras la ratio de lo que se te da mejor y te aporta más satisfacción? Mantén siempre tu salud y entorno en condiciones óptimas, en la medida que te sea posible. No olvides nunca reparar cuanto antes «tus ventanas rotas». Recuerda que cuando no reparas de inmediato algo de tu vida que no acaba de funcionar (una «ventana rota»), eso emite un mensaje al mundo:

«Aquí nadie cuida de esto; esto está abandonado y se le puede meter mano».

c. *Comenzar a hacer.* El destino es aquello que nos pasa si no hacemos nada para evitarlo. Las personas que no asumen responsabilidades y lo dejan todo en manos del azar o de las circunstancias van siempre a remolque. Crear tu Mentalidad Buena Suerte implica, en este tercer paso, saber qué no estás haciendo, pero que, si lo hicieras, si lo introdujeras en tu día a día, porque está al alcance de tu mano y circunstancias, podría cambiar tu vida.

16. **La mentira y el error**

a. El error nunca debe incomodarte: lo que te debilita es la mentira. Y, pese a que errar y mentir son cosas bien distintas, a menudo van de la mano. Demasiadas veces, al no querer mirar al error a los ojos para repararlo, solucionarlo y pedir disculpas, puedes entrar en las arenas movedizas de la mentira, que aparece para enmascarar, manipular o negar ese error.

b. La mentira para disimular un error abre la puerta a las falsas excusas, a las ocultaciones, a las tergiversaciones, a las acusaciones, al orgullo, a la negación de la realidad y a tantas otras perversiones. Y ese tipo de *error* (la mentira y sus derivadas) tiene consecuencias graves tanto para quien lo genera como para quien lo recibe. La mentira contamina la mente de su emisor y de sus receptores. Aleja a ambos de la realidad y de las verdaderas soluciones.

c. Para no confundir el error con la mentira, es necesario tener conciencia y educación emocional. Errar es humano, como reza el viejo dicho, incluso divino, si nos comprometemos a evolucionar y mejorar a partir de ello. No lo dudes, la mentira te destruye, la verdad te libera. Y los cimientos de tu Mentalidad Buena Suerte se construyen, sí o sí, en el amor a la verdad: en tu profunda honestidad contigo, con los demás y con la vida misma.

17. **La envidia es admiración vestida de frustración**

a. Al igual que sucede con la crítica, la comparación traslada el foco fuera de ti. Eso ya hace que pierdas la energía y el tiempo que necesitas para crear tu MBS. Un problema añadido es que nos comparamos siempre con los de arriba, con quien se halla en una mejor situación que nosotros, con lo cual nos sentimos disminuidos en nuestra autoestima y confianza.

b. El poeta francés Jules Romains establecía tres niveles de conciencia según donde ponemos nuestra atención:

1. La gente mediocre habla de otra gente.
2. La gente común habla de cosas.
3. La gente inteligente habla de ideas.

c. Céntrate siempre en aquello que puedes controlar y haz las cosas de la mejor manera que puedas. Olvídate de las críticas que no te aportan valor y que nacen esencialmente de la envidia y la frustración de quien las profiere. Perder tu tiempo y energía en quien te envidia te lleva a la dispersión y te puede descentrar. Centrarte en lo que debes hacer y puedes mejorar te lleva a la excelencia y a la felicidad.

18. **Lo extraordinario lo logra gente común y corriente**

a. Lo que hace que una persona logre cosas extraordinarias no es un coeficiente intelectual superlativo. Tampoco haber nacido en una familia con grandes recursos o haber estudiado en una prestigiosa universidad. Los verdaderos factores diferenciales son su Mentalidad Buena Suerte, la actitud que mantiene a lo largo de su trayectoria y lo que está dispuesto a invertir en su propósito. Eso es lo que distingue a las personas ordinarias de las fuera de serie.

b. Tu vida será lo que hagas de ella a partir del tejido de los hábitos que seas capaz de crear.

Si te fijas en las personas a las que admiras, sea en la esfera de lo privado o de lo público, y te preguntas qué las hace grandes, te darás cuenta de que son excelentes en su desempeño personal y profesional. Verás que son amables, detallistas, perseverantes, a veces obsesionados con la calidad, que saben escuchar, que no desfallecen, que comparten generosidad y buen humor, que contagian emociones positivas y que practican la eficacia y la eficiencia. En definitiva, te darás cuenta de que destacan en una serie de habilidades concretas por encima de la media.

c. La conquista de la grandeza se manifiesta en lo pequeño, ya que la excelencia se alimenta de los detalles. Por eso es tan importante dar lo mejor de ti aquí y ahora, en cada instante, en cada paso, en cada gesto, en cada llamada, en cada visita, en cada encuentro, en cada oferta, haya crisis o no, pase lo que pase.

19. **Si quieres que una mano te ayude, la encontrarás al final de tu brazo**

a. Para crecer y desarrollar tu MBS, un ingrediente básico es la honestidad y la propia responsabilidad. Cuando dejamos de «tirar pelotas fuera», el partido siempre se juega en nuestro campo.

b. *La honestidad y la responsabilidad atraen vínculos de calidad*, ya que las personas honestas y responsables buscan a sus iguales. La vanidad y el orgullo hunden, mientras que la honestidad y la humildad generan riqueza y florecimiento, revelando lo mejor de cada persona.
c. Humildad y acción son dos alas poderosísimas. La humildad te abrirá siempre nuevos senderos para aprender, te permitirá disfrutar del altruismo y empaparte de la sabiduría de los que actúan a modo de inspiración.

20. **La sabiduría del estoicismo**
a. El estoicismo es una escuela de pensamiento cuyo inicio se sitúa en el siglo III a. C. Todavía hoy nos ofrece una practicidad inusitada para vivir sin angustias dentro de la incertidumbre, más de dos milenios después.
b. Los estoicos, entre cuyos exponentes posteriores tenemos a los romanos Séneca y Marco Aurelio, así como al grecolatino Epicteto, promulgaban que la base del equilibrio personal está en *saber distinguir lo que depende de nosotros de lo que está fuera de nuestro control*. Los estoicos sostenían que *no sufrimos por los hechos en sí, sino por la percepción que tenemos de esos hechos*. Y no se trata de eliminar o suprimir estas emociones, sino de confrontar los he-

chos con serenidad, así como los pensamientos que nos incomodan.

c. Ocuparnos de lo que depende de nosotros y no dejarnos vapulear por los impulsos y las emociones es una sabia —y estoica— manera de vivir que, si te la aplicas de verdad y con rigor, te llevará a ser una verdadera o un verdadero creador de Buena Suerte.

21. **No te alejes de las personas negativas... ¡Huye de ellas a la velocidad de la luz!**

a. A la hora de emprender un proyecto, un sueño o un cambio personal hay que evitar los agentes de destrucción masiva de ilusiones. Me refiero a estas personas que te siembran dudas desde su miedo o envidia, que retrasan tu proceso por su propia pereza y cinismo y te boicotean con su negatividad constante. El victimismo y el inmovilismo de otros generan un freno en nosotros, ya que por contagio emocional nos pueden llevar a su terreno. Los pesimistas no solo no nos impulsan, sino que nos mantienen sujetos a lugares —físicos y emocionales— donde ya no queremos estar.

b. Las personalidades negativas monopolizan la energía, sin ser conscientes del impacto negativo que eso conlleva para sus allegados. Viven inmersas en el conflicto, en la queja y el malestar, y suponen una fuente continua de estrés, ansiedad, angustia y tristeza. A menudo es una cuestión de enfoque existencial, no de maldad. Aun así, causan estragos a las personas que las rodean.

c. *Un «no» a tiempo hacia alguien que te empequeñece es un «sí» para la expansión de tu propia vida.* No me cansaré de repetir la fórmula matemática que dice que menos por menos es más (- x - = +). La multiplicación de dos números de signo negativo da lugar a un número positivo, o dicho simple y llanamente: *cuando reduces lo que te reduce, creces.*

22. **El principio de Maya Angelou**

a. Marguerite Annie Johnson, conocida por el apelativo cariñoso que le daba su hermano, Maya, ha dejado una huella indeleble y maravillosa en varias generaciones. A pesar de no tener ningún título universitario y de haber sufrido abusos sexuales de niña —algo que le causaría un trauma de mutismo selectivo durante cinco años—, esta mujer fue pionera en muchos campos.

b. Ejemplo incombustible de resiliencia, más allá de quedarse anclada al trauma, fue actriz, poeta, conductora de tranvía y activista, entre muchas otras situaciones vitales. Entre sus visiones, rescatamos un principio transformador para crear tu Mentalidad Buena Suerte: «La gente olvidará lo que dijiste o hiciste, pero nunca olvidará cómo la hiciste sentir».

c. Tu huella emocional es el legado que dejas a los demás. El pensamiento lleva a la conclusión, pero el sentimiento es el trampolín hacia la acción. Y si generas emociones, sentimientos y estados de ánimo positivos en los demás, las personas no solo no te olvidarán, sino que desearán tenerte cerca porque serás fuente de inspiración y de sentido.

23. **Los prejuicios esterilizan, el coraje vitamina**

a. La palabra *prejuicio* (pre-juicio) ya lo dice todo: es juzgar antes de que conocer aquello que juzgamos. Eso se aplica a nuestra visión del mundo, de los demás y de uno mismo. Los prejuicios y las creencias que tenemos sobre nosotros mismos, sobre los demás o sobre la vida pueden ser un verdadero lastre en el camino de vivir. Destruyen encuentros que podrían ser providenciales, aprendizajes necesarios y experiencias reveladoras.

b. Las creencias nos definen y pueden ser mordazas para el cambio. Por esa razón, *no vivimos a la altura de nuestras capacidades, sino de nuestras creencias.*

c. Contra esa clase de lastre mental que condiciona nuestra vida, tenemos dos ingredientes básicos que nos permitirán liberarnos de él: *conciencia* y *coraje*. Conciencia para darnos cuenta de las falsedades que nos estamos diciendo. Coraje para empezar a vivir de un modo distinto.

24. **De tu vida nadie sabe más que tú**
    a. Si asumes que la capacidad de escuchar activamente caracteriza a las personas nutritivas, eso también incluye *escucharte activamente a ti mismo*, para nutrirte y descubrir todos los recursos personales de los que dispones.
    b. Si para aconsejar a otros te informas, preguntas cómo se sienten, qué les inquieta, qué les ha pasado, cómo enfocan sus decisiones y entonces les ayudas a encontrar soluciones, ¿por qué no te aplicas también las bondades de este proceso para obtener el consejo óptimo a tu favor? Para ello, de vez en cuando es muy bueno que te sientes a reflexionar, recurras a la escritura y hagas un inventario de las opciones y soluciones que tienes a tu alcance. No olvides que escribir, fijar y visualizar los pensamientos y las emociones subyacentes es poderosamente terapéutico.

c. En el arte y en la vida, la inspiración de donde nace la acción se llama introspección. Esto que parece un juego de palabras ha sido a lo largo de la historia el lema de las personas que han cambiado paradigmas. El aislamiento positivo forma parte del proceso creativo. Dedícate tiempo de calidad.

25. **Desbloquea los cerrojos de tu libertad vital**
Muchos años después de *La Buena Suerte*, con mi querido amigo Fernando Trías de Bes escribimos el libro *Las siete llaves* para indagar acerca de qué entendemos por libertad en la vida y cómo conquistarla. Sin el cultivo de tu libertad vital no son posibles la felicidad ni el bienestar psicológico. Si quieres salir de la celda para empezar a vivir una existencia genuina y exitosa, puedes echar mano de siete llaves existenciales que, junto con Fernando, identificamos:

- **La llave del pensamiento.** Es la que controla la entrada y la salida en tu vida de falsas creencias que te amordazan. *Creas en función de lo que crees.*
- **La llave del juicio.** Te alerta de cuándo una norma atenta contra tu dignidad y necesitas ser valiente para no dejarte engañar. Supone *alinear pensamiento, palabra* y *acción*,

así como establecer límites para resguardar tu bienestar.

* **La llave del logro.** Esta llave te trae información y formación para combatir ese miedo, poder planificar y arriesgarte para lograr tu transformación vital.
* **La llave del disfrute.** Es la llave que nos libera de culpas que no son nuestras, pero que nos dejamos endosar. Gracias a ella, aprendes a vivir asumiendo que no puedes pasarte la vida cargando con pesos en la espalda que no son tuyos.
* **La llave de la entrega.** Se refiere al *acto liberador de decir «no». Tu entrega en la vida debe ser libre* y no puede quedar condicionada por las manipulaciones emocionales de otros.
* **La llave de la identidad.** Tu personalidad no tiene por qué modelarse por cómo te definen los demás, sino que tú eres quien decide cómo definirse, mejorarse y vivir.
* **La llave del ser.** Ante un mandato que otros te imponen y que te descoloca, que te condiciona y te limita (*no hagas, no digas, no seas, no pienses, no lo logres, no existas, no te permitas...*), puedes recuperar tu esencia renunciando a la imposición ajena y dándote permisos que anulen estos mandatos *(puedo hacer, puedo decir,*

puedo ser, puedo pensar, puedo lograr, puedo existir, puedo permitirme...).

26. **La vía del Kaizen**
    a. La filosofía del Kaizen (mejora continua) nos recuerda que un 1 % diario de mejora implica un progreso del 100 % en menos de tres meses. De hecho, como la mejora es acumulativa, si mejoras diariamente un 1 % cada día respecto al anterior, alcanzarás, por crecimiento sostenido, el 100 % de progreso en apenas setenta días porque las mejoras se van acumulando unas sobre otras.
    b. Es vital entender que los hábitos son las semillas de la transformación. De este modo, hasta los cambios más modestos, con un enfoque Kaizen, pueden procurar resultados extraordinarios.
    c. Introducir un buen hábito y mantenerlo repercute en la mejora continua, en oposición a la actual cultura de la inmediatez, que no nos lleva a ningún sitio. Son tus hábitos y tu mejora constante los que crean tu destino.

27. **Puedes aprender tanto de tus errores que cuando tropieces, en lugar de caer, vueles**
    a. Como reza la conclusión de Buda tras años de meditación: «El dolor es inevitable, el

sufrimiento es opcional». Si entendemos el sufrimiento como la recreación mental del dolor, podemos acabar eternizando ambos. Es muy importante no ser adictos al sufrimiento ya que nos impide levantar cabeza y nos sostiene en la posición de la víctima permanente.

b. *Algunas veces se gana y otras se aprende.* Cada error del que aprendes activará tu alquimia interior. Aprender a caer para volver a intentarlo. Grandes hombres y mujeres han ascendido por la escalera del éxito a costa de resbalar por los fracasos.

c. Errar, como hemos visto, es la vía regia para descartar opciones que no sirven y luego alcanzar nuevas cotas. Cada aprendizaje desde el dolor y cada renuncia al sufrimiento es una pluma poderosa en las alas de tu alma.

28. **Tú eres la causa de tu Buena Suerte**

a. Séneca, el sabio filósofo estoico, manifestó que la buena suerte es el punto de confluencia de la preparación y la oportunidad. De este modo, cuando tu preparación y la oportunidad confluyen, estás en condiciones de crear tu Buena Suerte.

b. No puedes controlar el azar, pero sí puedes prepararte para moldearlo según tus expectativas. Lo comprenderemos a partir del razonamiento que sigue: *El azar es inversamente proporcional a la preparación. Curiosamente, si tu preparación es cero, cualquier número dividido entre cero matemáticamente da como resultado infinito. Luego, sin preparación en la vida, el azar es infinito. Pero cuanta mayor es tu preparación, más reduces el azar. A mayor preparación, menos azar en cualquier disciplina vital.*

c. Esto nos lleva, por lo tanto, a la siguiente conclusión: tú eres la causa de tu Buena Suerte y solo de ti depende crear las circunstancias para que los tréboles de cuatro hojas florezcan en todas las dimensiones de tu vida. Y, además, también está en ti dar una lectura favorable o desfavorable a cada circunstancia que vives. Recuerda que es tu mirada la que crea el mundo.

29. **Comienza ya a crear circunstancias**

a. El escritor Victor Hugo, en un intento de captar la esencia del futuro, lo definió así: «El futuro tiene muchos nombres. Para los débiles es lo inalcanzable. Para los temerosos, lo desconocido. Para los valientes es la oportunidad».

b. Cuando comprendes esto, más pronto que tarde aparece *un instante heroico: una decisión que dura un segundo y que puede cambiar el resto de tu vida*. En tu interior, sabes que el momento está justo aquí, y tu coraje hará que relativices el miedo, porque *lo que te separa de la vida que quieres para ti es ese temor*.

c. La paz te espera cuando decides traspasar tus miedos. Y lo mejor llegará si decides ir a por ello. Sin duda, crecerás y aprenderás. La oportunidad se presenta en el instante en el que sabes qué quieres lograr.

30. **Eres la niña o el niño de tu futuro**

a. La decisión más importante que puedes tomar es la de quién quieres ser y qué quieres lograr en la vida. Es clave cuestionártelo si pretendes vivir no como crees que eres, sino como puedes llegar a ser en la plenitud de tu potencial convertido en realidad.

b. Una vez que admites que puedes cambiar, avanzar, e ir materializando tus anhelos en realidades desde tu manera única de ser y de ver y crear la vida, hay que entregarlo todo al presente, puesto que estás aquí para hacerlo tuyo. Cuando vives la vida de esta manera, cualquier momento y lugar es perfecto, es el adecuado y sientes que estás donde debes estar porque lo que define la calidad de la experiencia es la calidad de tu consciencia, presencia, gratitud y apertura interior.

c. ¿Decides mejorar un poco cada día? ¿Decides aplicar tu MBS y crear nuevas circunstancias que te lleven a un crecimiento exponencial a medio y largo plazo en los aspectos de tu vida que deseas mejorar? ¿Decides añadir tú la cuarta hoja a tu trébol de la Buena Suerte?

32. UN REGALO MÁS Y ¡SEGUIMOS!

Este tan solo es el comienzo de tu proceso de crecimiento y transformación.

Más allá de todos los contenidos que has leído y de los aprendizajes que has extraído del libro, te recomiendo acceder a la zona de recursos *online* y hacer el test final de ***Tu Mentalidad Buena Suerte*** para comprobar si has interiorizado todos los conceptos.

Puedes encontrar el test y esas treinta lecciones extras en forma de vídeo, audio, mantras, clases, ejercicios y meditaciones a través de este código QR o en la página <mentalidadbuenasuerte.com/recursos>.

Espero que lo que aprendas con este contenido extra impulse aún más y mejor tu Mentalidad Buena Suerte.

Te espero allí.
Todo lo mejor para ti y los tuyos y...
¡Seguimos!

Álex Rovira Celma
www.alexroviraescuela.com
soyalex@alexrovira.com

BIBLIOGRAFÍA RECOMENDADA

Albaigès, J. M., *Diccionario de palabras afines*, Espasa.

Albrecht, Karl, *Inteligencia social*, Vergara.

Alcott, Louisa May, *Mujercitas*, Penguin.

Angelou, Maya, *Yo sé por qué canta el pájaro enjaulado*, Libros del Asteroide.

Blay, Antonio, *Creatividad y plenitud de vida*, Iberia.

Carnegie, Dale, *Cómo ganar amigos e influir sobre las personas*, Elipse.

Carrère, Emmanuel, *El adversario*, Anagrama.

Cirulnik, Boris, *Los patitos feos*, Gedisa.

Clear, James, *Hábitos atómicos*, Diana.

Covey, Stephen, *Los 7 hábitos de la gente altamente efectiva*, Booket.

Frankl, Viktor, *El hombre en busca de sentido*, Herder.

Gladwell, Malcolm, *Fuera de serie*, Taurus.

Hay, Louise, *Usted puede sanar su vida*, Urano.

Krishnamurti, *La libertad primera y última*, Edhasa.

Kübler-Ross, Elizabeth, *La rueda de la vida*, Ediciones B.

—, *Lecciones de vida*, Luciérnaga.

—, *La muerte, un amanecer*, Luciérnaga.

Liebermann, Albert, *El libro de las posibilidades*, Urano.

Marco Aurelio, *Meditaciones*, Taurus.

Miralles, Francesc, y Héctor García, *El método Ikigai*, Aguilar.

—, *Ikigai: los secretos de Japón para una vida larga y feliz*, Urano.

Peck, Morgan Scott, *Un camino sin huellas*, Emecé.

Ribero, Lair, *Ayúdate*, Urano.

Rovira, Álex, *La brújula interior*, Plataforma.

—, *Los siete poderes*, Plataforma.

Rovira, Álex, y Fernando Trías de Bes, *La Buena Suerte*, Zenith.

—, *Las siete llaves*, Zenith.

Rovira, Álex, y Francesc Miralles, *Cuentos para quererte mejor*, Destino.

—, *El laberinto de la felicidad*, Plataforma .

—, *El mapa del tesoro*, Conecta.

Steiner, Claude, *Los guiones que vivimos*, Kairós.

Ware, Bronnie, *Los cinco mandamientos para tener una vida plena*, DeBolsillo.

Wilhelm, Richard, *I Ching*, Edhasa.

AGRADECIMIENTOS

A Ana Trenza, gran amiga y socia. Porque sin ti el maravilloso proyecto de la Escuela Humanista y este libro no existirían. Gracias por ser la chispa que dio origen a todo y por impulsar la Escuela día a día con entrega, pasión y tesón.

A Javi Pastor, gran amigo y socio. Porque gracias a tu compromiso y profesionalidad hemos podido hacer llegar la Escuela Humanista a tantas personas en todo el mundo que aprecian y valoran en gran medida el trabajo de nuestro equipo.